嶺外雲煙：華南文化與古蹟文物紀略

蕭國健 著

自序

近年，粵港澳大灣區（簡稱大灣區）蓬勃發展，該區包括九個相鄰城市：廣州、深圳兩個副省級市、珠海、佛山、東莞、中山、江門、惠州、肇慶七個地級市，香港與澳門兩個特別行政區。香港地區納入大灣區，未來將另有一番發展。

際此歷史嬗變時期，吾人有必要進一步認識香港之歷史、文化、古蹟、文物、社會風俗及民間信仰，以探究歷史之走向，認識前人之辛勞，激發愛國愛鄉之熱情，增強民族自信心與自豪感，從而利於日後之社會建設。

今年初，三聯書店給我提出了一個出版計劃，就是將筆者作品編為一套集子。我覺得這個建議很有意義，所以馬上接受了出版社的好意。這套集子將涵蓋香港以至華南地區之歷史、文化、古蹟、文物、社會風俗及民間信仰等方面內容，冀能成為有價值之文化積累。

蕭國鍵
2022 年仲冬月於顯朝書室

目錄

前言

建築篇　CHAPTER 01

村落篇　CHAPTER 02

古塔篇　CHAPTER 03

名墓篇 CHAPTER 04

遺址篇 CHAPTER 05

民生篇 CHAPTER 06

前言

華南指中國本土南部，有廣義及狹義之分。廣義的華南即「中國南方」，地理上指秦嶺與淮河以南中國的廣大區域。以氣候、經濟生產、交通、文化等來區分，南方屬亞熱帶及熱帶氣候，氣候暖和，以水稻為主要的糧食作物，古時以水路為主要運輸方式。

狹義的華南則特指「嶺南」，即五嶺以南，五嶺為大庾嶺、騎田嶺、都龐嶺、萌渚嶺與越城嶺，此五大山嶺東西走向，分隔中國中部與廣東、廣西等地，其南面地方稱嶺南。一般來說，華南的範圍可定義為：廣東、廣西、貴州、雲南、福建五省，合稱「華南五省」，包括香港和澳門兩個特別行政區。

余十多年來講授香港歷史及華南歷史文化，其間常與學友們於香港及華南兩地作田野考察，抄錄碑銘、拍照記錄，並進行訪問。歸家後以歷史文獻、地方志乘、族譜及碑銘資料，研究華南地區的歷史發展、文化、風俗與習慣，並為之撰文記錄。現將部分資料整理成書，題名為《嶺外雲煙：華南文化與古蹟文物紀略》。

是書之成，蒙內子鼓勵、好友劉國輝兄、香港中華文化促進中心香港及華南歷史文化研究等友協助，始得完成，特此致謝。

書中不足之處，敬希賜正。

蕭國健
2024 年暮春於顯朝書室

※ 建築篇

CHAPTER 01

三間兩廊式建築

嶺南地區農村的民居，多為三間兩廊式建築，是中國傳統四合院的延續，因特殊歷史、地理條件而變化，建築佈局簡約對稱。「三間」指排成一列的三間房屋，中央為正廳，兩側通長的東西兩廊，宋代稱廊屋；唐則多以走廊形成廊院。宋、明常用廊屋圍成封閉院落，廊屋左邊為上，右邊為下。正廳兩旁為居室，與大門之間設有天井，天井兩旁為廚房及雜物房。屋外空地俗稱禾坪，是村民曬穀、晾衣及聚會之所。

民居的牆體多為空心牆，以青磚橫豎交錯，層層累加，有序排列地圍砌而成，牆面打磨得平滑。空心牆是建築設計上的獨特創造，有保溫、禦寒等作用。牆雖空心，但磚與磚之間，卻嚴絲合縫，堅實牢固。民間傳說謂，青磚牆在鋪砌時不用水泥，用的是糯米飯或片糖（蔗糖）拌灰漿，所以牆面看起來才會沒有一絲縫隙。

牆磚

牆體材料有三合土、卵石、蠔殼、磚等。磚的製作材料，最早使用卵石，稱為石磚；其後使用泥磚，泥磚亦稱土墼或土胚磚，以一個木製磚形容器，鑲入黏土，待黏土形狀固定後涼乾或曬乾即成。由黏土摻合煤炭煅燒而成者，稱為黏土磚；用塊狀黏土或塘泥，於磚窰煅燒，呈青灰綠色者，稱為青磚。青磚密度高、透氣、吸水、抗氧化、耐磨損，可經數百年不磨蝕，其品質較高，惟價錢也較貴。紅磚的製作工藝與青磚相似。

磚牆的砌法

為保證磚砌體的強度，滿足豎縫錯開的要求，一般不許出現上下通縫。磚牆最基本的砌法，是用上層磚塊壓蓋下層豎縫，稱交錯砌法。其排列有兩種基本形式：順砌磚及頂砌磚。順砌磚為磚塊長的一邊放在砌體表面，頂砌磚為磚塊短的一邊放在砌體表面。砌牆時，按牆體面闊方向砌置的條磚稱「順」，按牆體進深方向砌置的條磚稱「丁」。「一順一丁」即每層磚以一縱一橫交替疊砌，此法亦稱「梅花丁」；按此規則，在砌牆用磚時還有「三順一丁」、「五順一丁」及「多順一丁」等方式。

有錢人砌的磚牆，一般用「五順一丁」，經濟較差者則用「七順一丁」或「九順一丁」，故單看牆面青磚排佈，便可判斷屋主的財力。但無論採用哪種砌法，牆體磚塊的層數皆只能為「單數」，因粵語中「雙」與「喪」音近，這對講究「好意頭」的廣府人來說並不吉利。

屋頂瓦

珠江三角洲一帶的中式建築，屋頂用瓦片相疊，以遮日曬，以擋雨淋。正屋皆為十五坑瓦，左右偏間則為十三坑瓦。瓦檐上，一行一行相疊，瓦片之間，形成可供引導水流的坑漕，叫做「瓦坑」。

古代建築覆蓋屋頂的瓦片有板瓦、仰瓦、合瓦、筒瓦及滴水多種。板瓦為橫斷面半圓形弧形瓦，仰置在屋頂上，縫隙間覆蓋筒瓦，構成筒瓦屋頂，或覆蓋板瓦。仰瓦亦稱底瓦，即在鋪設建築屋面時，凹面向上者。合瓦亦稱蓋瓦，即在鋪設建築屋面時，凹面朝下者，蓋於每兩列仰瓦之間的縫隙上，以防雨水滲入屋內；合瓦可以是板瓦，也可以是筒瓦。筒瓦為半圓筒形者，由筒型陶坯對剖製成，覆蓋在仰板瓦交界處，構成筒瓦屋頂；靠近屋檐口的筒瓦為勾頭，宋代稱華頭筒瓦，頂端黏掛有圓形瓦當。滴水為古建築屋頂隴溝最下端如意形舌狀下垂的板瓦，一端下垂，底瓦於檐口處，其下端有下垂、繪有植物或花卉線條的圓尖形瓦片，蓋房頂時會放在檐口。

門

珠江三角洲一帶民居的門，一般採用腳門、趟櫳及大門。腳門為高約 1.7 米的輕巧四扇對開小折門，上部有木雕通花。趟櫳由十餘根杯口粗的橫木鑲於兩根豎板上，是水平方向走動的柵欄式拉門，下部裝有鐵軌及滑輪，後部裝有豎插銷和小銅鈴；門鎖設在拉向的另一側，暗藏於大木門後，為木製的頂門，只需人在屋內，用指輕按下，即可頂死趟櫳，使之不能開合。趟櫳的作用是通風與防盜，其木料由杉木、柚木、坤甸等製，小孩不能鑽過其間空隙，又不易將之鋸斷，對防盜甚為有效。大門為兩扇對開的厚板門，日間打開，晚間才關閉。「三件頭」大門，既能保持居室的隱秘，又利於通風透氣；既可觀察門外，又有較好的防衛功能，且亦具有較高的藝術價值。

夯土牆

夯土為中國古代常用的建材，據考古發現，中國在四五千年前的新石器時代，已有用夯土方法修築城牆。公元前 16 世紀至公元前 11 世紀的殷商時代，有用夯土造屋。到漢代，民居建築更為廣泛地使用夯土牆，而且開始在夯土城牆中，使用水平方向的木骨牆筋，稱為「紝木」。這種做法上至漢長安城，下至南北朝、唐、宋，最晚到元代還在使用。

建造一夯土牆，需要將含有正確配比的沙、碎石及黏土，壓縮進一個擁有外部支撐的模板或模具，以製成磚塊或整面牆。過程中或需要添加穩定劑，古時會以糯米飯或片糖（蔗糖）拌灰漿及動物血液等添加物製成。

「夯」與「硪」的動作相似，是一種使用重物將泥土中空隙去除的動作，這種動作使泥土變得更為結實，所使用的重物通常較重，超過一個人的負重能力，通常由數人同時進行。

整面牆的建設，從一個臨時的模板開始，模板通常由木板製成，作為決定每段牆體尺寸及形狀的模具。模板必須堅實，並能作好支撐。牆體兩面的模板，也必須固定在一起，以防止巨大壓縮壓力所造成的膨脹及變形。潮濕的沙、碎石及黏土材料，被倒入一至二尺的深度，後被壓縮到其原來一般的高度。夯土必須一批批依次加入，同時持續擠壓，逐漸建造到模具的頂端。古時，夯實工作是由工人用長長的夯實杆，以手工完成，十分費時費力。

牆體完成後，模板就需立即拆除，以便製作表面紋理，因為一旦放置過久，牆體就會變得過硬而難以操作。施工最好在溫暖天氣下完成，這樣牆體易於乾燥牢固。乾燥牆體需要一段時間，大概需要二年來完成其牢固過程，其間，暴露的牆體應該密封起來，以防止雨水對其構成破壞。

蠔殼牆

珠三角一帶因為靠海，多盛產蠔蠣，養蠔及吃蠔較為普遍，生蠔吃完後，所遺留下的蠔殼十分豐富，集中起來，可作建築材料。

據史料記載，中國於南方沿海地區以蠔殼築牆，最早源於南北朝，唐劉恂《嶺表錄異》云：「盧亭者，盧循昔據廣州，既敗，餘黨奔如海島野居，唯食蠔蠣，疊殼為牆壁。」蠔殼牆曾是嶺南地區自明代以來比較常見的一種建築形式，明末清初嶺南著名學者屈大均於《廣東新語》記載：「蠔，鹹水所結，……以其殼累牆，高至五六丈不仆。」又載：「番禺茭塘村多蠔。有山在海濱，曰石蠣，甚高大，古時蠔生其上，故名。今掘地至二三尺，即得蠔殼，多不可窮，居人牆屋率以蠔殼為之，一望皓然。」

在建造房屋、砌築牆垣時，每層牆體先做青磚牆腳，繼由數個蠔殼排成一列，然後一排排地緊挨着，按牆的夯築方向依次鋪開，其間隙由拌合好的黃泥、紅糖、蒸熟的糯米、醋、穀殼等混合物，一層層夯實，側向豎立起來。室內部以生土與蠔殼灰，混合築成平整牆體；室外部為露出的蠔殼端，排列整齊。垂直方向上，每隔一段距離水平放置木棍，以加固牆體，牆隅也多用青磚牆體。

明清時代蠔殼牆為嶺南地區常見的建築方式，多半出現在眾人景仰的祠堂或富有人家的宅院。之所以受大戶人家格外青睞，是因為蠔殼呈鱗狀，表面凹凸不平，不僅具有隔音效果，陽光斜射在牆面上，在日照下，還可以形成大片蠔殼陰影，從而起到隔熱效果，使室內冬暖夏涼。又蠔殼整齊向下斜疊砌，可以方便雨

深圳沙井步涌蠔殼牆建築

水下泄，避免雨水浸入內牆，保持室內乾爽。再者，蠔殼十分堅硬，據說能抵擋鎗炮攻擊，以之砌牆，因七菱八角、凹凸不平，具有防盜功能，若有盜賊黑夜翻牆入院，必割得「損手爛腳」。

現存絕大多數的蠔殼牆建築，皆建於明清時期，清朝中後期部分嶺南地區仍有用蠔殼建牆，至於現代的蠔殼牆建築，多為滿足旅遊目的所建，集中於珠三角地區的廣州、中山、佛山、江門、東莞及深圳等地。此外，福建泉州蟳浦村、揭陽部分村落，以及湛江的徐聞及雷州，仍存有少量蠔殼牆。

山牆、封火牆、鑊耳屋

山牆

山牆俗稱外橫牆，是指沿建築物兩端短軸方向佈置的橫向外牆，為建築左右兩邊上端與前後屋頂間坡所形成的山尖形或弧形曲線的橫牆，也稱作規壁、鵝頭、棟頭、圓仔頭、歸壁、大規壁。山牆分內山牆、外山牆、排山牆三種。由下至上分別為下鹼、上身、山尖（規尾、歸尖）三部分。古代建築一般都有山牆，其作用主要是防火及與鄰居的住宅區隔開。

山牆主要有三種形制：一是人字形，比較簡潔實用，修造成本也不高，民間多採用；二是鍋（鑊）耳形，線條優美，變化大，仿照古代官帽形狀修建，取意前程遠大，因其形狀像鐵鑊的耳，民間俗稱鑊耳牆，多用在祠堂及廟宇的山牆上，一般百姓住宅也常運用，分佈於潮州與廣州一帶；三是波浪形，又稱「桃彎規」，為鍋耳牆的變形，較之更像古代的官帽，其造型起伏有致，講究對稱，起伏多為三級，百姓住宅基本不用。

閩南傳統建築依照山牆頂端的形狀，將山牆分作「金、木、水、火、土」五行。山牆屬金，特徵為一大弧形；山牆屬木，特徵為弧線窄而高；山牆屬水，特徵為頂端由三到五個弧線組成；山牆屬火，特徵為帶有銳角；山牆屬土，特徵為有平整的頂端。

封火牆

山牆中有用作防火的封火牆，亦稱風火牆，是中國傳統民居聚落一種以防火為目的的牆體建築。封火牆出現之前，人們注意到，火災通常是自下而上地順着房柱向上蔓延，因此封火牆的最

封火牆

初形態，是在可燃的木質牆壁或構件上，塗抹灰泥，以此來提高木質構件的防火性能。後來才出現把木柱砌於磚牆內的立貼式（即穿斗式）的封火牆。在傳統村落中，以家為單位，在圍牆相連處建造封火牆，能夠十分有效地防範火患。

封火牆在中國各地區有着不同的造型，如徽派建築中的封火牆形如馬頭，俗稱馬頭牆；閩東派建築中的封火牆酷似馬鞍，俗稱馬鞍牆。有等地區還根據其形狀的不同，以「金、木、水、火、土」五行來命名。每棟房子依其方位與建築年代，各有其相應的五行。有時候，一座建築會同時出現金、水或火、土的組合，乃取其「相生不相剋」的原理建築。傳統五行封火牆的裝飾，十分嚴格講究，建屋前要請風水師考察審定，根據屋主的生辰八字，以五行之法推算，才能決定該屋的封火山牆應採用哪種行式。

鑊耳屋

鑊耳屋為嶺南建築傳統民居的代表，多數以青磚、石柱及石板砌成，因山牆形狀似鑊耳，故名；客家地區又稱「茶壺耳」。

傳說明朝時珠江三角洲一帶出過一位名叫梁儲的帝師，他告老還鄉時，依依不捨的皇帝問老師有何要求，梁儲奏請皇上准其在家鄉建一間仿照皇家建築式樣的房子，用於懷念他。鑑於梁儲曾擔任過父親和自己的老師，更是耿耿無私的忠臣，皇帝遂准其奏請。梁太師於是在家鄉建造了這種略似皇宮但又具嶺南民居特

鑊耳屋

色的鑊耳大屋。

鑊耳屋所用的青磚，以水磨青磚為上乘，屋兩邊的鑊耳山牆，由檐口至屋頂的結構，是用兩排瓦筒壓頂，並以灰塑封好，其處理收口的工藝，於整座建築工程中難度最高，故造價亦最貴。

鑊耳狀的山牆有防火及通風性能良好的特點，高聳的山牆可阻止火勢蔓延入侵，亦可引風入巷，繼而通過門窗吹進屋內。民間以鑊耳屋蘊含富貴吉祥、豐衣足食之意。

屋脊上的吻獸

屋脊，是屋頂相對的兩邊之間頂端的交會線，有正脊、垂脊、圍脊等不同類型。正脊，又稱大脊、平脊，位於屋頂前後兩坡相交處，是屋頂最高處的水平屋脊。漢朝以前，正脊平直；漢朝起，正脊開始出現兩端翹起，成曲線，唐、宋、元三朝仍之；至明、清時期則多恢復直線，惟閩南式建築的正脊仍多為彎曲，兩端翹起。港深傳統建築的正脊上，常有吻獸（鴟尾）或望獸，中間有寶瓶等裝飾物。

屋脊上鴟尾裝飾的來由，據古籍記載，起源於漢代。其時，宮廷經常發生火災，殿宇樓閣盡被焚燬。於是，道士們紛紛獻策，提出在屋頂上，施鎮壓之物，以禳火災。《事物紀原》卷八引吳處厚《青箱雜記》云：「漢柏梁台災，越巫上厭勝之法。起建章宮，設鴟魚之像於屋脊，以厭火災，即今世鴟吻是也。」又據《名義考》卷三引張師正《倦遊錄》:「漢以宮殿多火災，術士言天上有魚尾星，為其像於屋以禳之。」

晉朝始稱之為「鴟尾」，王韶之《晉安帝紀》:「義熙五年六月，雷震太廟鴟尾。」唐朝鴟尾轉稱「鴟吻」，蘇鶚《蘇氏演義》卷下載:「唐以來寺觀殿宇，尚有為魚形尾指上者，不知何時易名鴟吻，狀亦不類魚尾。」又說:「見其吻如鴟鳶，遂呼之為鴟吻。」宋代的脊獸有鴟尾及獸頭等形狀，據《營建法式》第十三卷〈瓦作制度〉記載:「用瓦壘屋脊，用鴟尾，用獸頭等」。元代時有「吻獸」的叫法，其名稱在歷代演變中，尚有螭吻、望獸等。

鴟吻究竟為何物，其說不一，有說為魚尾星；有說為海中的虬魚，為龍王之子，無角，尾似鴟，鴟尾擺動起來會噴浪、降雨，可以制火；又有說為「蚩尾」，是水之精，能辟火災，故後世將其放置在建築物屋脊上。如今鴟吻脊飾的形象多種多樣，有呈龍狀，有呈魚形，亦有似鳥非鳥、似魚非魚者，多用瓦製成，高級建築則多用琉璃瓦。其功能最初為保護木栓及鐵釘，防止漏水、生鏽，對脊的連接部，起固定及支撐作用；後來發展為裝飾功用，並有嚴格的等級意義，不同等級的建築所安放的脊獸數量及形式，都有嚴格限制。

港深等地廟宇及民居屋脊所見的鰲魚

鰲魚為龍、魚、鱉的合體，民間也稱鰲龍，傳說為龍子之一，排行第九，平生好吞，為古代中國神話中的動物。相傳在遠古時代，有金、銀色的鯉魚想躍過龍門，飛入雲端，昇天化為龍，但誤吞龍珠，變成龍頭魚身，是謂鰲魚。雄性鰲魚金鱗、葫蘆尾；雌性鰲魚銀鱗、芙蓉尾，終日遨遊大海嬉戲。

又《淮南子・覽冥訓》中有女媧煉五色石以補蒼天，斷鰲足以立四極之說。唐宋時，鰲魚貴為龍子之一，地位尊崇，且外形威嚴美觀，故多被雕刻在皇宮、城牆及街道上。據云古時中舉的進士須站在皇宮御階下，等候放榜以及皇上召見，而狀元所站的位置，剛好處於鰲首之地，故以「獨佔鰲頭」表示在某領域中最頂尖之人，同時以此祝願人們節節高升、勇奪第一。

今天，港深等地的廟宇及民居屋脊正中所見到的鴟吻，多為鰲魚，兩鰲魚中間有寶瓶等裝飾物，大多是清代及近代的產物。鰲魚象徵文章顯達，擺放在家中文昌位，可使人成績優異，提高升職機會，事業順利如意。

港深澳等地民居屋脊的鰲魚

蠡殼窗

蠡殼窗又稱蠔殼窗、海月窗、海鏡窗、蠣殼窗，蠡殼即貝殼，為中國古代民間採用的貝類外殼，經過打磨，使其變薄、透亮，再加工製作後，用於窗户上，成為類似玻璃的代用品。清黃景仁〈夜起〉詩云：「魚鱗雲斷天凝黛，蠡殼窗稀月逗梭。」

蠡殼窗主要採用的貝類為「海月」，屬海月蛤科（Placunidae），雙殼綱珍珠貝目科中之一，台灣稱雲母蛤，一般殼長 100-118 毫米，高 93-110 毫米，殼質脆薄，極扁平、半透明，邊緣易破碎。左殼微突起，右殼較平。殼表面白色，殼頂微紫色。放射肋及同心生長線均極細密，近腹緣的生長線略呈鱗片狀，殼內白色，具雲母光澤。鉸合部大，右殼具有兩枚長短不等的鉸合齒，呈「八」字形排列；左殼相應部位形成兩條凹槽，內有紫黑色韌帶。有一閉殼肌，圓形，位處殼中央。足退化成指狀，無足絲。分佈於熱帶及亞熱帶，棲息於潮間帶至淺海沙、泥沙或珊瑚礁中。常見於台灣南部及東海、南海沿海等地。古時人把海月殼嵌入門窗或屋頂上，故又名窗貝、鏡貝、明瓦；可入藥，具有解毒、消積的功效，常用於小兒麻疹、疳積、濕爛瘡及鶴膝風。

蠡殼窗是指採用打磨成半透明薄片的蠡殼，代替浸泡過桐油的牛皮紙或白棉紙的窗紙，鑲嵌在木框上，加工製作成的窗户。蠡殼窗相對穩定、防水，不易變形，堅固耐用，開可通風透氣，閉可擋風保溫，還可引光入室。安裝蠡殼窗後，就不用裝窗簾，其半透光亮的特點，可過濾掉太陽光中的紫外線，室內傢俱受陽光照射後，不易褪色及損傷。蠡殼片呈月白色，一面具年輪般的弧形紋理，另一面光滑而具雲母光澤，細看折射着七彩光華，極具欣賞性，為嶺南沿海一種具有地域性文化特色的傳統建築裝飾。

貝類外殼作為窗屏材料的歷史，最早可追溯到宋代。明清時期，嶺南地區成為窗屏材料「海月」的重要產地。清初，江南一帶的富有居民，常用這類蠡殼窗，到玻璃技術於清末發展普及，蠡殼窗在民國時期就逐漸被玻璃窗所取代。

番禺餘蔭山房的玲瓏水榭、連廊及前檐廊等建築中，保存了不少各式各樣木花格蠡殼窗屏，此等鑲嵌「海月」的窗屏，精巧華美，生動多姿，古樸清幽，有六角金盤圖案、八角金盤套古錢圖案、十字菱花套古錢燈籠圖案等，在構圖及構造上獨具匠心，

番禺餘蔭山房的蠡殼窗屏

富裝飾性，且蘊含濃郁的嶺南海洋文化氣息。其中，六角金盤圖案是嶺南蠡殼窗最常見的樣式，澳門的盧家大屋及鄭家大屋亦有安裝蠡殼窗，至今仍能睹見。

※ 村落篇

CHAPTER 02

逆水流龜村堡

虎門白沙村

白沙古村落南鄰鎮口，東北方山兜村與厚街鎮白濠村隔渠相連。該鄉村為散屋村，周圍廣闊，村落呈梅花點形散落，多鄭姓。宋代，白沙瀕水（河口），控南來舟楫溯莞邑之道。元代立寨，駐營兵，稱白沙寨，與中堂、京山齊名，為莞邑三故寨之一。明初曾設巡檢司署，管轄今厚街篁村一帶村落。明末於其地設鹽埠，稽查、批轉海鹽，行銷省內外。三江雜貨店舖，整然有條，是虎門地區最盛的商業集散地，也是中國佛郎磯大炮的最先生產地。清初，白沙司歸併缺口（鎮口）司，村民以農耕、編織為業。

廣東省東莞市虎門白沙村原為劉氏聚居之地，劉氏昔官都統，航海至此，而舉家定居該地。北宋景德元年（1004），原籍廣東潮陽白石堂的鄭賓出仕惠陽郡，其子鄭崇官廣鹽課提舉。時東莞虎門一帶的靖康鹽場產鹽甚豐，行銷省內外，鄭崇經常往返惠陽、靖康兩地，督飭鹽務。虎頭門水深浪闊，船艇屢遭風濤，遂避險於武山（今威遠島）燕子窩。日久，鄭崇喜其地，謝官後攜子天麒、天麟、天驥，自武山燕子窩遷入白沙，其後人再發展出山兜、梁屋、塘邊、水圍等坊，成為當地大姓望族。入明以後，鄭族繁衍日昌，劉氏則相繼遷居他地，部分移居至今厚街鎮轄白濠村，白沙遂成為虎門地區鄭氏聚居之地，該地另有吳、楊、鍾姓村民散居村中。

創建逆水流龜村堡的鄭瑜

虎門白沙村的逆水流龜村堡，始建於明末崇禎年間（1628-1644），為虎門白沙人鄭瑜所建。鄭瑜，字楚玉，出身破落儒家，少年家貧，其兄於莞邑水鄉任教，遂隨行且於一塾館當廚子，閒中偷學，為學子修改詩文，獲黎姓富家小姐愛慕，賞識其才學，意欲招之為婿。禮聘日，黎母卻重富嫌貧，執意拒婚。後得當地一貧民同病相憐，將女兒許配予他。

崇禎三年（1630），鄭瑜二十歲，參加鄉試中舉，翌年開科中進士，授吉安推官，在任有政績，旋調廣信府，署理府事。時地方治安不寧，鄭瑜治亂有方，擢升户部主事、員外郎中，出任太平知府，後遷上江漕儲道，再轉山東按察使，督催直隸、江西、湖廣，官至七省糧道，為崇禎皇帝喜愛，升為太僕寺少卿。

據傳，崇禎末年，鄭瑜解銀上京，途中遇賊劫，他乘機毀船沉銀河中，劫後撈起。後聞報崇禎自縊，遂回家鄉白沙，仿明代建築，在村外大興土木，拆村南數十里的烽火台，將青磚運入，營造城堡式村寨。該建築規模宏大，城垣內置民宅十數座，配有兵房、馬廄、庭院、行宮，城周挖護城河，即今逆水流龜村堡，人稱水圍村。

建圍後，鄭瑜歸隱鄉里，不久，清兵入莞，明朝遺臣張家玉舉義抗清。清順治四年（1647），鄭瑜降清，為莞邑參事。5月，張家玉自西鄉還師莞城，知縣施景麟率部至白沙，鄭瑜獻計，並領眾協助清兵，拒義兵於赤崗門，血戰半月，使抗清義兵損失慘重。清康熙五十年（1711），鄭瑜卒，享年八十二，生前有著述，其中《焚餘稿》曾留傳民間。

逆水流龜村堡的形制

該堡為一座四周環水的方形廣府圍村古堡，呈正方形，坐東北、向西南，佔地面積 6,889 平方米，四周以 18 米寬的護河環繞。四周護牆高 6 米、厚 0.6 米，青磚構築，牆上開有矩形鎗眼。

該堡外形似龜，朝北的村堡正門外舊為木橋，現改水泥橋，是出入村堡的唯一通道，亦為逆水流龜村堡的龜尾，村堡四角的小樓堡為龜的四足，北面高出護牆的碉樓為龜頭，其上紅磚則為龜眼。堡內巷道、房屋、水渠似龜腹分佈。因北面有溪水迎面而

逆水流龜村堡正門

來，其佈局取形似烏龜逆水而上，故稱逆水流龜；又因四周環水，故稱為白沙水圍。

村堡正門門框以紅沙石建，門額上刻「聚保閭里」，門邊石刻對聯云：「前蝶嶺，後龍潭，山水鍾靈凝秀氣；左蓮峰，右虎海，雲霞蒸蔚煥文章。」正門兩側紅砂石上各有一方形炮眼，上有缺口，為準星，用作瞄準。

村堡內的直巷南北走向，巷寬兩米，直巷兩旁並列四條橫巷，各寬 1.4 米。村內舊有 72 座房屋，均為單層，青磚青瓦，分佈在直巷兩邊，代表 72 塊龜鱗甲，今餘 58 間。舊有八座碉樓，今餘六座。牆內四周舊日的 12 間小馬房，今餘 10 間。屋上的石刻雕花所餘不多。村內排水渠寬約 20 厘米，深約 10 厘米，縱橫交錯。直巷盡頭左首的房屋，為創建人鄭瑜居所。村內房屋大部分已倒塌。堡內現存水井九口，包括飲用水井一口、防火井七口及逃生井一口，並有一淤塞水井，相傳為可通村外山坡的暗道。

該堡於 1993 年被列為東莞市文物保護單位。

會源樓

會源樓位於坪山鎮石井村大王圍田疇中，為葉會源所建，葉氏祖居惠陽淡水雷公山，清末間遷坪山石井李屋村。據云葉會源兄弟三人，因家庭貧困而盜取鄰村一金瓜仔（南瓜），被迫出走南洋，初為礦工，後自開錫礦致富。回鄉後，三兄弟各自建大屋，分別名會源樓、會水樓、會灩樓。

會源樓建成後，曾多次為土匪明火搶劫，葉家憑借樓堡的堅固防禦體系，多次抵擋土匪進攻。後土匪獲樓內傭工接引，喬裝乞丐，混入樓內，趁防守鬆懈，打開大門，賊眾蜂擁而入，將會源樓洗劫一空。葉家從此沒落，人去樓空，日漸破敗。

該樓為一座三堂二橫四角碉樓的城堡式圍樓，外牆及牆基皆灰沙夯築，外蓋青磚白瓦，外牆厚達 50 厘米，碉樓高三層，山墙山尖作鑊耳狀，碉樓及圍牆皆有直豎長方形鎗眼。圍牆四周築

會源樓正面全貌

女兒牆，圍牆與女兒牆接合處以青磚砌三層棱角牙子。開三門，正門頂呈拱形，門楣石額「會源樓」刻字，門框以麻石製；左右側門通樓內左右天街。

樓內堂橫屋高兩層，中軸為上中下三堂，左右為橫屋，堂屋與橫屋為天街所隔。有兩較大房間，皆建有閣樓，俗稱樓角間；其他住房面積較小，皆建有閣樓，全為杉木板樓面，稱柵頂、樓柵，一般用以存放稻穀、蕃薯、穀物等糧食種子、不常用的家庭用器或貴重物品，人多房間少的家庭，也會用來住人。樓前有門坪及月池，其間砌有矮牆。

如今，會源樓已被廢棄，該樓因位處低於路面之地，故基土流失頗速，近漸被茂密灌木湮沒。當年建築的青磚、白瓦、夯土外牆等，皆已變色，夯土牆角的一些青石條，也被人撬走。拱形

會源樓正門

會源樓更樓

的正門、麻石門框及外牆，長滿藤條灌木，正門已被紅磚封閉，門楣上的「會源樓」刻字，則保存完好，門右側長有一株大樹，如今人們只能從左邊側門進入院落。圍牆上的鎗眼，亦為茂密灌木所掩蓋。四角碉樓皆顯破敗；正面兩座保存較完好，壁畫尚存，惟牆上泥塑受到嚴重破壞。堂屋的屋頂傾塌，院落滿地殘磚斷瓦，雜草叢生，住房的閣樓皆為灌木侵入，已無幾間完整。河邊一些大樹被砍伐，圍後土地今被闢作菜地。

該樓緊貼石井濕地公園，鄰近坪山區瑞景路與玉田路交匯處，前往南澳，途經坪山時，能看到該樓遺蹟。

崇林世居

崇林世居，又稱崇林圍，位於惠州市鎮隆鎮大光村，為一回字形客家圍龍屋，圍屋坐西南、朝東北，夯土磚木結構，寬 128 米，長 108 米，四周圍牆高 9 米，內有住房 262 間，共 9 廳 18 井，佔地面積約 16,640 平方米。

大山下葉氏的源流

據《南陽葉氏大成宗譜》記載：明萬曆年間（1573-1620），梅州五華葉氏族人遷徙至河源紫金上義葉屋壩。清康熙三十三年（1694），族人葉奇發與妻溫氏率弟葉奇祥及子葉鳳朝（化蘭）、葉風鵬，自紫金南遷，至鎮隆老板坑落户，繼於老板坑對面山坡建造祠宇、住宅，命名為「新板坑」，開始在鎮隆繁衍生息。清雍正六年（1728），葉鳳朝生子葉文昭，號崇林。葉文昭先承父業，以農為本，在下倉建造可住近百人的房屋，後從事鹽業致富。清嘉慶三年（1798），葉文昭選址大山下，建造佔地 13,824 平方米的大山下村圍屋，命名為「崇林世居」，並於周圍廣植樹木、果苗。

大山下葉氏的發展

葉文昭興教化、重德行，耕讀傳家，早在清乾隆中期，就在村中創辦私塾。曾買下八間店舖，把租金作為族祠學校的專項經費。他還在惠州城裏興建有 11 間房的葉氏試館，專供葉姓子孫到惠州考試時用。文昭公生有八子，後代子孫陸續在崇林世居周圍建造瓊林世居、茂林世居、成林樓等圍屋。

該族人才輩出，曾出有舉人、秀才十餘人。著者有：五世祖葉樹綱，字文魁，清咸豐九年（1859）中式第 119 名舉人，曾任長安縣正堂；六世祖葉蓉煌，字亞魁，清光緒二十三年（1897）中舉鄉試第 11 名。

崇林世居的形制

崇林世居依山建築，前低後高，分五大部分：第一部分為池塘，面積約 9 畝，半月形；第二部分為禾場，面積 1,536 平方米；第三部分為首圍；第四部分為祠堂；第五部分為望樓及後圍。三、四、五部分為圍屋的主體。

圍屋正面開三門，門框均以花崗岩建造。四周圍牆高 9 米，下半部分為灰沙牆，上部為磚砌牆，厚 80 厘米，圍牆內上部設有走馬道，連接四角的角樓，以作防禦。角樓與走馬道向外均設有射擊孔。

內圍屋呈方形，由三層回形建築群及一座三進式祠堂組合而成，最外圍中間部分有一座高 15 米、重檐歇山式三層望樓，站在樓頂，可眺望整座圍屋。圍屋內有住房 262 間，共 9 廳、18 井。牌坊在正門後，為高大單門三樓式，中開拱形門，正面刻「樹德務滋」四字，坊壁上繪製着山水風光、人文故事，背面為吉祥的動物浮雕。

祠堂由下、中、上廳組成，下廳為鼓手廳，集會時樂手在此奏樂擊鼓迎賓；中廳為聚會、議事及祭祀場所；上廳為祖堂，為供奉祖先牌位之所。262 間葉氏族人房屋圍繞祠堂而建。

崇林世居的發展

清嘉慶七年（1802），葉文昭去世。葉氏後人秉承祖訓，不斷對圍屋進行擴建。清光緒二十四年（1898），高 20 米、重檐歇山式望樓完工，取名魁星樓，又稱崇林樓。該樓二進七間，高三層，夯土磚木結構，鍋耳封火山牆，門額「崇林樓」為當年進士吳道容手書。二樓為族中長輩聚集議事場所；三樓為族內學子讀書之地，每當大考期，族中學子皆集中樓內備考，該處亦為圍屋最高點，可俯視整座圍屋。光緒三十三年（1907），其後裔又在後圍興建望樓。

崇林世居的鄉規

清光緒三十一年（1905），葉蓉煌立有〈崇林世居規條十則〉，並刻立碑石，嵌圍內牆上，以訓示族人。葉氏後人秉承這十條家規，族人得安居和睦，才俊輩出。該碑文云：

蓋聞在朝言朝，在鄉言鄉。朝則有律法，鄉則有規章。茲我大山下鄉，自蓼園大高祖開基以來，世傳忠厚，人守禮法，爾因宗枝蕃衍，子孫眾多，品類不齊，賢愚互異，若不嚴立規條，恐無知無識之人，不免有犯法亂紀之事，非所以繼先志而守家訓也。爰集公議，倡立規條十則，子孫各宜凜遵，毋稍遺志，是所厚望焉。爰為序。

一　敦孝弟。人生在世，各有父兄，不孝不弟，何以為人？族內子弟，務宜以孝弟為本，切毋忤逆，以重天倫。

一　睦宗族。血脈攸關，伯叔弟侄，雖疏猶親，理宜分長幼尊卑，相親相愛，和睦一堂，勿因微嫌，各懷意見。

一　務正業。凡人遊手好閒，貪圖安樂，富者必貧，貧者必困，貧困日深，飢寒交迫，一切非為，漸成不覺，禍身害族，患即為斯。凡為我族人，或士或農，或工或商，務宜各勤正業，戒遊惰以辟利源。

一　重國課。凡買、當產業，必有錢糧，皆國家唯正之供，務宜年清年款，絲粒不容蒂欠。至斷活契據，尤宜迅速投稅，以免害累。

一　守國法。國家森嚴，毫無寬赦，私開當押，私藏軍械，押當鎗炮，窩藏匪人，串同入會，匿稅走私，凡一切有干例禁者，法所不容。小則陷沒身家，大則貽累宗族，務宜凜戒勿忘。

一　戒非為。賭館煙館，最易聚匪。凡開設而交接匪徒，並盜竊、騙誘、狡串，一切非為之事，必致害身家、累宗族，窮其禍患，慘不勝言。各宜猛省，宜務正業。

一　崇節儉。凡冠婚喪祭，雖屬大典，須稱家有無，要不可浪費。至飲食衣服，尤宜節儉。

一　端風俗。一鄉風俗，循良樸茂，始堪嘉尚。故立身行事，務須光明正大。凡傷風敗俗之事，皆宜一切掃除。

一　敬師長。凡鄉中學堂，無論大小，皆宜整肅，所聘師長，務宜尊重，即外人來學，亦宜視同一體，免生軫域。

一　和鄉鄰。凡屬鄉鄰，非戚則友，無論貧富，接待宜恭，勿因小嫌，致啟爭鬥等弊。

光緒三十一年孟夏穀旦各老成

樹聰、樹崇、芳菲、輝齡、清槐、樹楨、蓉華、樹森、蓉煌立

與十則規條石碑相對應的石碑，為清宣統二年（1910）惠州府判決，是關於大山下葉氏與其他兩村爭水的民事糾紛官司告示。該糾紛最終因官府判決，得以和平解決。該碑名「惠陽崇林世居宣諭碑」，文云：

賞戴花翎署惠州府事即補府正堂加十級紀錄十次徐，為出示泐石，永遠遵守事。案據歸善縣屬大山下鄉耆民葉耀齡等、塘壯鄉民黃祥等與大帽圍周潤秀等，互相爭陂水等情一案，迭經縣顏令稟請提府，當經批准，旋據該縣批解前來，現經本府提訊，當堂判開。查圓潭仔陂水，葉、黃等姓有二百餘石穀種之田，周姓有二十餘石穀種之田，均藉此水灌溉。前因天時亢旱，分水平勻，互相爭訟，縣斷不肯遵依。現經本府提訊，斷令葉、黃等姓，於天旱時得水八成，周姓得水二成。其分水之法，在於圓潭仔上下兩口橫砌石壆各一條，高現存水量相平，兩邊着岸處各竪石柱，高出橫壆二尺，橫壆與石柱湊合，中間俱鑿縫道，再以二尺高、一寸厚之木板，插在石縫，作為閘門。等遇天旱，水平橫壆之時，各照斷定得水成數，計日輪流。葉、黃等姓得水八成者，應於五日內放水四日，周姓得水二成者，應五日內放水一日，灌溉農田。輪應葉、黃等姓放水日期，則周姓須將水口用板閘住；輪應周姓放水日期，則葉黃等姓亦須將水口用板閘住，各按啟閉日期時刻，周而復始，不准稍有參差，以昭公允。倘逢圓潭仔水勢充足，高過橫壆，則兩造一律將閘板撤去，照常通流，毋得任意改變，致干查究。至兩造修築閘門工料之費，諭令各自備辦，彼此具遵。完案供錄、結附等因在卷。除由府札委督飭兩造砌壆外，合行出示泐石。為此，示仰附近各鄉紳民人等，一體遵照本府判斷，永遠遵守，毋

任滋生事端為要。切切，特示

右諭通知。

宣統二年十二月十二日示

這兩塊碑文，在「破四舊」期間，被「造反派」用水泥封起，因得以保存。「文革」結束後，葉氏後人把灰泥鏟去，碑文今仍清晰可見。

崇林世居於 2004 年 8 月由惠州市人民政府公佈為惠州市文物保護單位。

笋崗老圍

笋崗村的位置

笋崗，古稱銀崗，位於廣東深圳市東北約五公里的廣九鐵路旁。該村為廬江何氏於明朝初年所開創。

笋崗何氏的源流

笋崗何氏原籍廬江郡，唐中葉間南遷廣東番禺清水濠，南宋時，因避胡貴妃禍，再遷南雄，至宋末始定居東莞南浦及茶山森巷。明初，遷東莞城西柵口，未幾再遷回東莞員頭山立業。

元朝末年，東莞何氏中有名何真者，於東莞聚眾保鄉，繼平廣州亂，元廷欲封之為右丞，並拜榮祿大夫，未及授印，而明軍已平江西。明洪武元年（1368）2 月，何真以全廣地區降明，被封東莞伯。其據東莞地區時，曾駐居笋崗鄰近的泥崗，因覺笋崗風景優美，遂與其母及二子、五子遷居該地，開基立業，並名該村為笋崗村。

笋崗何氏的發展

明洪武二十一年（1388）3月，何真卒，享年67歲。其次子華祖居笋崗松園下立業；五子崇祖仍居東莞員頭，其長子公壽及次子公悅則分遷新安大莆、莆心開業。

笋崗開村至今600餘年，現分四村：舊村、老圍、祠堂村、新村。如今，該村大部分耕地已因鐵路車站擴建工程而被徵用，該地亦已發展，當年農村風貌已難復睹。

笋崗老圍的形制

笋崗老圍又稱元勳舊址，位於廣東省深圳市羅湖區笋崗村，笋崗何氏四世孫何雲霖為紀念其祖先、嶺南名賢東莞伯何真而建，該村原為排屋村。據云何真曾居其地。何雲霖重修該村，四周加建圍牆環繞，圍外挖有護濠，並廣置田宅、祠宇，將其地擴建為城寨式村圍，奠定笋崗老圍的基礎。

該圍是典型廣府圍村建築，四面有高牆環繞，牆高約5米，寬1.2米，四角有炮樓，高兩層，皆青磚砌成。圍外原有護河，今已填平。圍呈方形，東西寬68米，南北長63.5米。門樓以紅粉石砌成，門額上刻「元勳舊址」四字。圍內有縱巷三條，橫巷六條，正中直巷盡頭為一神樓，中奉護圍神靈神位；共有房屋

笋崗老圍

笋崗老圍門額

140 餘間，並水井三口供村民日用。

老圍旁舊有祠堂一所，惜早已拆卸，遺址亦已改建，其鄰近地方亦已闢建房舍，今名「祠堂村」。祠堂村旁為笋崗新村，建有同福堂何氏宗祠。

同福堂何氏宗祠

該祠為一兩進三間建築，祠內壁上嵌有 1921 年建祠時所立的碑記，中載該族的源流及發展。該碑文云：

> 本村族祠坐乾向巽兼□巳壁宿八度，向軫宿七度庚戌分金，得丁亥坐穴透地，火土卦柳，宿主山箕，宿持世里，宿管局乃住乘龍氣之正脈外，大門坐亥向巳兼乾巽，□□□□七度，向□宿十九度丁亥分金，得乙亥坐穴透地，泰卦箕宿主山□□持世□宿管局外□堂□□，九辰天井水櫃，初步放丁，二步出巽，三步丁字出口，此山向永遠流傳為序。
>
> 本族始祖諱真，明敕封東莞伯，贈侯爵，恭靖所生八子，名榮、華、富、貴、崇、宏、弼、維，各祖從官分居別處。至華祖所生二子，名公奇、公範，居笋崗松園下；今公奇祖子孫□入靜軒祖，故今有公範祖房也。至崇祖所生四子，名公壽、公悅、公勳、公瑄（按：何氏各譜中作「公宣」）；至公勳、公瑄二祖子孫，居莞邑江頭；公壽、公悅子孫，居笋崗、大莆。至民國辛酉年（按：1912 年）八月，

建立族祠，取堂名同福堂，但江頭、松園下二處不入同福堂之內。現今本族嘗業，均分與鄉務族例各等；由辛酉年有合同四張，載明長、四、七房、崇祖房、各房執壹，永遠存炤，光前裕後，百世其昌。

值理人：四房二十三傳樂平，七房二十二傳來貴，崇祖房廿三傳□□。江西劉□□點位立向。

民國拾年歲次辛酉冬季吉立

大旗頭村

大旗頭村位於佛山市三水區西南鎮東北。明初，鍾姓始祖福安公自南海南浦村遷居而來；明嘉靖五年（1526），三水縣蚺蛇村鄭氏十世祖康泰公由蚺蛇村遷居於此開基，兩姓共同拓荒耕田，開村闢地，世代繁衍生息。舊日村側有河涌，上有大橋，故村初稱大橋頭。該村初創時，村落人口不過 40 餘户左右，鄭姓主要分佈於村西南區域，鍾姓分佈於村北區域。村內早年曾建築有大王古廟，內供洪聖大王，作為村裏鄭、鍾二姓解決爭端的協商地。清光緒二十年（1894），適逢慈禧太后六十壽辰，鄭紹忠獲朝廷恩准，回三水縣大橋頭村修建家族宅舍。

創建大旗頭村的鄭紹忠

鄭紹忠（1834-1896），原名鄭金，綽號「大口金」，字參泉，廣東三水人，曾於佛山一家米店做舂米工人。善武藝，某次比武打死對手，畏罪回鄉。清咸豐四年（1854），參與表兄陳正式組織的全勝堂，起義反清，在信宜建立大洪國。鄭氏被封為大元帥，先後征戰粵北、廣西、湖南等地，立下不少戰功，清同治元年（1862）春，佔領羅定。次年（1863），廣東陸路提督昆壽圍剿大洪國，調重兵攻擊信宜，9 月清兵佔領信宜城，鄭氏倒戈，殺起義軍首領，歸順清廷。昆壽令其率舊部為一營，號「安勇營」，參與圍剿太平天國餘部，克廣西岑溪，賞都司銜，改名鄭紹忠。

清同治四年（1865），鄭紹忠被擢為羅定協副將，賞戴花翎，繼加總兵銜。五年（1866），獲賞「敢勇巴圖魯」名號。六年（1867），更勇號「額騰伊巴圖魯」，家族追封三代。七年（1868），補南韶連鎮總兵。八年（1869），賞記名提督；同年，因生母去世，鄭紹忠回大橋頭，丁母憂。十二年（1873），補授潮州鎮總兵；同年，丁父憂，兩廣總督瑞麟以地方吃緊改署任。

清光緒二年（1876），改署任南韶連鎮總兵。五年（1879），因鎮壓海南島起事有功，授黃馬褂。十年（1884），署理廣東陸路提督，率兵轉戰福建、廣西，鎮壓起事。十二年（1886），嫡母去世，丁母憂，仍留署陸路提督。十五年（1889），補授高州鎮總兵，繼調任湖南提督。十七年（1891），廣東水師提督方耀因病出缺，鄭氏獲調任廣東水師提督，封光祿大夫，賞花翎紅頂頂戴，封振威將軍，駐虎門。鄭氏上任伊始，便處在清朝水師革新的前端、珠江口防禦的風口浪尖，他擴建或增建炮台船塢及海軍基地、購造新型船艦、招募水師、組織團練。其間，他測量珠江入海口，探測了海流、風速、海霧、海浪，編繪詳細海圖。同時，他還擴建了一些軍事工廠及海軍基地，以保衛 3,000 餘里的海堤。

清光緒二十年（1894），適逢慈禧太后六十壽辰，鄭紹忠被賞加尚書銜，慈禧賜親筆手書壽字、一碧綠玉雕大白菜及大緞帽纓，且獲朝廷恩准，回三水縣大橋頭村修建家族宅舍，並開始修建通往水西等村長達 50 多公里的灰沙石板路。是年 12 月，兩廣總督李瀚章令其招募數十艘拖船攻打日本橫濱、大阪、神戶、長崎等地，不果。二十二年（1896）3 月，鄭紹忠卒於虎門水師提督任上，享年 62 歲，葬於大旗頭村老虎崗。4 月，清廷予以軍營立功後病故例優恤，戰績宣付國史館立傳，賜祭葬。

鄭紹忠墓在村西南向的老虎崗，由村裏遠眺，其墓如大旗飄展，後人遂改村名為大旗頭村，一直沿用至今。

大旗頭村的形制

大旗頭村集民居、祠堂、家廟、府第、文塔、村前廣場及池塘於一體，村落佈局完整，每家每户都採用硬山頂鑊耳式、封山牆及三間兩廊式樣。房屋以水磨青磚建造，巷道全由花崗岩石板鋪砌。鍋耳屋是嶺南一帶的特色建築，因其山牆的形狀像鐵鍋兩個鍋耳，故名。該村坐西向東，取紫氣東來之意，向南北延伸。古村被四五條深巷分割，每條深巷的一端堵死，另一端修有門樓，遇到外人入侵，門樓上鐵閘落下，村子便自成堅固的防守體系。

從村南門進入，村落中心為鄭氏宗祠。宗祠前為水塘，寓意「洗筆池」，不遠處有一座三層六角的古文塔象徵「文筆」，塔底下兩塊巨石形似「墨硯」，村前的曬穀場彷彿一幅「白紙」，四者組成文房四寶。文塔旁有木棉樹，表示村人能夠讀書有成，出人頭地。文塔內今仍供奉文昌帝君及魁星的神位，村裏孩童讀書時仍會到此行開筆禮，或於考試期間前來祈求順利。村口有古榕樹，村人稱此風景為「古榕掛月」；因為大榕樹濃蔭庇日，使該地成為村民休憩的理想場所。

1994 年大旗頭村被評為三水市第二批重點文物保護單位；1997 年被評為佛山市重點文物保護單位；2002 年被評為廣東省第四批重點文物保護單位；2003 年被評為中國第一批歷史文化名村，成為 12 條名村之一；2004 年被廣東省文化廳評為廣東第一村。

大旗頭村硬山頂鑊耳屋群

大旗頭村南門

鄭氏宗祠

六角古文塔

新橋村

新橋曾氏的源流

新橋村位於廣東寶安縣西北方，為曾姓族人所創建。該村曾氏原籍武城，西漢末年始遷廬陵吉陽鄉，李唐末葉再遷贛州西門。南宋初年，北方亂故，仕行公與仕貴公避亂南遷，初居南雄保昌珠璣巷，繼徙羊城。其後，兄弟分遷，並剖豬腰石為記，各持其半而去。仕行公卜居番禺小龍；仕貴公則南遷東莞，於歸德場今新橋村之地立村定居，成為新橋曾氏始祖。

新橋的發展

自仕貴公開村新橋，人口繁衍。建國初期，該村屬沙井大鄉，1959 年改屬沙井公社，1983 年屬沙井區，1986 年屬沙井鎮。2004 年，深圳寶安龍崗實施城市化，撤消沙井鎮，設立沙井街道，新橋遂歸沙井街道。2016 年 12 月，新橋街道從沙井街道分出。

新橋村自仕貴公於宋末立村，至今 800 餘年，凡 22 傳，人口繁眾。今村內文物多已廢圮無存，仍存而可供遊覽者，只餘曾氏大宗祠及永興橋而已。

永興橋

位於寶安區新橋街道新橋社區橋頭村東南，有一古橋，名永興橋，俗稱新橋，清康熙年間（1662-1722）建造，清乾隆五十年（1785）重建，自後多次重修，至今仍存。清嘉慶《新安縣志》卷七〈建置略・橋・永興橋〉載：「永興橋在新橋村之西，鎖前溪而跨兩岸，當往來要衝，東接黃松崗、烏石岩諸路，西連雲林、茅洲諸墟。康熙年間，監生曾橋川建，日久傾頹。乾隆五十年，武生曾大雄，欽賜翰林曾聯魁，貢生曾騰光、曾應中等倡捐重建。周圍俱以白石砌之，闊三丈餘，長十丈餘，高五丈，橋孔有三，上列欄杆，工程浩繁，頗為堅固。」

該橋以花崗石砌築，寬 3.2 米，長近 50 米，下開三拱形橋洞，各高 5 米多，橋上排列欄杆，中間欄板浮雕龍鳳圖案，橋頭各立形象生動的小石獅，結構嚴謹，造型美觀。

插漢閣

永興橋東首舊有一座五層高的文昌塔，名插漢閣，建於清乾

永興橋

永興橋欄杆

隆二十七年（1762）。清嘉慶《新安縣志》卷十八〈勝蹟略·古蹟·插漢閣〉載：「插漢閣在新橋村側，乾隆壬午年（按：乾隆二十七年，1762年）建。」惜1960年代初期，因取磚建糖廠，塔遂被拆卸。

曾氏大宗祠

曾氏大宗祠坐落寶安區新橋街道新橋社區深巷路北，始建年代有待考證，現建築在清嘉慶三年（1798）擴建而成。大宗祠坐西北、朝東南，為五開間三進深佈局，由前堂、牌樓、中堂、後堂和前中後庭院天井、左右重檐歇山亭、花廳等組成，面寬21米、進深50米，佔地面積1,050多平方米。

大門頂部有「曾氏大宗祠」紅粉石大匾額，祠門兩側有一米高雕花鐫刻飾紋圖案、堅硬紅砂岩石門枕石一對。大門前堂懸1917年兩廣總督莫榮新為新橋子弟「保衛桑梓，捕賊有功，嘉諭表彰」所題贈的「保障一方」牌匾。原牌匾在上世紀「文革」時遭毀，現牌匾為1983年重修時補上。門內另有「詩禮傳家」牌匾。

前堂為五間，前後檐廊，四塾台式樣，兩側各有一間廂房。前庭院天井中立一座四柱三間仿木結構式高大石作牌坊，牌坊正面橫額上書「大學家風」，右側署「大清嘉慶三年戊午（按：1798年）冬初冬之吉立」，左側署「堂下孫騰光拜題，應中敬書」。橫匾兩頭有托鼎及抱笏文臣浮雕像，上有「貽典」石刻，

曾氏大宗祠大門

曾氏大宗祠內牌坊

左、右兩間門額各書「體忠」及「行恕」。牌坊背面正中橫額上書「片石留輝」，右側署「堂下孫煜拜題」，左側署「堂下孫王雩敬書」。橫匾兩頭各有雲鶴展翅浮雕，橫額上有「止肅」石刻，左、右各書「型仁」、「講讓」。

石牌坊後為中庭院，庭院兩側有重檐八柱歇山亭各一個，南側者可通隔壁古井。中堂中間為四級花崗岩石階梯，兩側為對稱塾台，正中上方懸掛「大學堂」金字牌匾，兩側有番禺小龍村贈送的楹聯一副，聯云：「千古華夏，歷數百秋，唯巫公始定曾姓；萬世師表，學儒雖眾，獨子與得領其宗。」中堂也稱大堂，有石柱、木柱多根，正堂後屏風上有雍正帝欽賜的雙龍圖章牌匾。

小天井後為後堂，同為五開間，正中供奉曾氏歷代先祖神位，當年仕行、仕貴兄弟分手時砸開的那塊豬腰石，原供放其內。左右兩側為間牆小房，庭園天井兩側有南北花廳。

整個大宗祠有圓木柱 12 根、圓石柱 10 根、方石柱 4 根、紅砂岩石圓方柱 14 根，共 40 根，柱礎造型美觀。祠堂內有各色各樣的彩色壁畫及灰塑，以山水人物及動植物為題材，造工精美。

據說，原宗祠前有旗墩（旗杆夾）十多對，古時，凡族中弟子中舉或進爵，均在宗祠前立杆豎旗，以示榮耀。據清嘉慶《新安縣志》卷十五〈選舉表〉載，從清康熙二年（1663）曾太元獲恩科副榜，到清嘉慶二十四年（1819）曾省取得己卯恩貢，新橋曾氏子弟共有 34 人取得功名。其中康熙十四年（1675）乙卯科的曾文韜、清乾隆二十七年（1762）壬午科的曾文光、乾隆三十年（1765）乙酉科的曾鵬量獲中武舉人。另有曾國泰任虎門中營把總，曾光耀任江南南匯營把總，曾天保任挪湖營千總，曾天祿任宮江南川沙營參將等武職。

該祠在民國初期曾改辦為學校，至改革後新學校建成才停辦。該校一直被新橋人（包括今新二、上星、上寮等）稱為「大學堂」。2002 年廣東省人民政府公佈其為省級文物保護單位。

康楊二聖廟

康楊二聖廟位於寶安區新橋街道新二社區向西路 86 號舖左側，廟為兩進三間式建築，建於清乾隆十四年（1749），清嘉慶十九年（1814）重修。如今該廟已廢置，門額無存，內無神像及文物可考，廟亦已為鐵網圍封。廟內有嘉慶十九年重修康楊二聖廟碑，碑為石灰岩質，共兩幅，皆高 63 厘米，寬 42 厘米，兩碑額隸書陰刻「重修康楊二聖廟碑」。主碑序文云：

> 康楊古廟，迺三七兩房飲和食德之勝區也，自乾隆己巳，諸先輩見有舊廟傾頹，人心起敬肅誠，創建宮宇，數十年來　神光普照，不特一坊境土共荷帡幪，即四方男婦，誠心禮拜者，皆赫然祈禱，無不應焉。迄今花甲已逾，蟲蟻所蝕，風雨所摧，垣墻傾圮，宮瓦零落，入廟者咸目覩而心驚，是用集一坊之紳士，抒片念之真誠。敬延廟丁，每戶出

錢三百餘，皆好善者，踴躍捐輸。諏以甲戌之秋，鳩工庀材，不敢改前人之規制，仍因舊址，廣闊台垣樓座，新而榱題，葺桶楹丹刻，有倍於前矣。至冬十一月落成，眾神安座，氣象光華愈見，赫濯聲靈，永庇萬家福地；森嚴威武，長臨千載靈區，則民安物阜，食福靡涯矣。是為序。

並將各簽題芳名備列于左：

信監曾啟運助銀十六員加助神樓銀四錢；信庠曾鶚助銀十大員；信庠曾光祿助銀十大員加助神樓銀一錢；信監曾瀛粕助銀十大員加助神樓銀一錢；信監曾裕助銀八大員加助神樓銀一中員；弟子曾松享助銀八大員加助神樓銀一中員；信貢曾應樑助銀七大員加助神樓銀一員；信女曾苑蘭助銀八大員；弟子曾源大助銀六大員加助神樓銀三錢；信監曾慎助銀五大員加助神樓銀一錢；信監曾贊燮助銀五大員；弟子曾步程助銀四大員加助神樓銀一錢；弟子曾協笙助銀三大員加助神樓銀一錢；信監曾炳韜助銀三大員加助神樓銀中員；弟子曾鹿菁助銀三大員加助神樓銀一錢；信監曾選助銀三大員加助神樓銀一錢；弟子曾霍珍助銀三大員加助神樓銀中員；弟子曾作孚助銀三大員加助神樓銀二錢；弟子曾害燒助神樓銀中員；瑞利店助銀三大員加助神樓銀三錢；信者曾兼懷助銀二大員；弟子曾華宇助銀二大員；弟子曾翰秀助銀二大員加助神樓銀二錢；弟子曾巨孚助銀二大員加助神樓銀六分。

龍飛嘉慶閣蓮閏筏月下浣之吉重修

首事曾光祿、曾啟運、曾鶚等仝薰沐謹志

其旁石碑只錄捐者芳名，茲從略。

康楊二聖廟

康楊二聖廟碑

※

古塔篇

CHAPTER 03

塔

塔全名為窣塔婆或窣堵坡，最早出現於印度。中國傳統的樓閣建築為中式塔的源頭之一。樓閣一名重樓，早在先秦時代已經出現，但由於年代久遠，至今已無兩漢以前的樓閣建築實物存在。印度的窣堵坡原為埋葬佛祖釋迦牟尼火化後留下的舍利的一種佛教建築，梵文稱「Stupa」，即墳塚之意。除紀念佛祖釋迦牟尼，在佛出生、涅槃的地方皆會建塔。隨着佛教在各地發展，在佛教興盛的地方，人多爭相建塔，以供奉佛舍利。其後，塔逐漸演變為高僧圓寂後埋藏舍利的建築。

古代印度作為佛教建築的塔，在東漢時期隨佛教傳入中國，其後迅速與中國本土的樓閣相結合，形成中國的樓閣式塔。由於木結構易腐爛、易燃燒，後又按照樓閣式塔的形式，演化出密檐式塔。在漫長的歷史中，曾被人們譯為窣堵坡、窣塔婆、浮圖、塔婆等，或意譯為方墳、圓塚。隋唐時，翻譯家才創造出「塔」字，作為統一譯名，沿用至今。在中國化過程中，塔也為道家所用。

佛教傳入東亞後，塔與當地傳統建築重樓融合，不限於僧侶埋骨，且擴展至其他用途，逐步演變成樓閣式塔、密檐式塔、亭閣式塔、覆缽式塔、金剛寶座式塔、寶篋印塔、五輪塔、多寶塔、無縫式塔、花式塔、支提式塔（石窟）等多種形態。建築平面從早期的正方形，逐漸演變成六邊形、八邊形乃至圓形，所使用的材質也從傳統的夯土、木材，擴展到磚石、陶瓷、琉璃、金屬等，另外還有混合材質的塔，常見的有磚木混合、磚石混合、石木混合。另一方面，其作用及目的則逐漸脫離宗教，而走向世俗，衍生出風水塔、文昌塔、導航塔等。

木塔

木塔是中土起源最早的塔，歷代所築的木塔，從斗拱、椽、枋、樑、柱等承重結構，到門、窗、欄杆等非承重結構，均借鑑宮殿建築的元素及技術。早期木塔受建築技術所限，常有在塔內以磚石或夯土築起高台，作為木塔屹立的依託，各層木構均直接或間接地，與塔心的高台相連接。後來隨着建築技術的提高，塔中的高台，被木質的中柱所取代，極大地擴充了塔內的活動空間。但中柱的出現，也限制了木塔高度的提升，因為要找到一根高大筆直的木材作為塔的中柱，實在非常困難。

土塔

小部分的塔以夯土建築，因為塔一般都高大而纖細，夯土本身的力學性質，並太不適合建築高塔。夯土塔的土質鬆軟，降水豐沛的地區很難建築或保存，故夯土塔的主要形制，多為體形較為矮胖的覆缽式塔。

現存最為著名的夯土塔，當屬西夏王陵中的夯土高塔，王陵中所建的塔，原本以夯土為基礎，表面覆蓋琉璃裝飾，蒙古滅西夏後，拆毀王陵塔表面的琉璃裝飾，而土塔本身則保留至今。

磚塔

隨着明清兩代製磚工業的迅速發展，各類磚塔大量湧現，如今保留下來的磚塔，數量上也比其他材質的塔為多。

磚塔的砌築，在塔的內部多採用亂砌法，即在塔內隨意緊密堆積塔磚，並無一定規定，這是由於塔身直徑常隨塔身高度而變化，只有亂砌法能保證塔身的曲線變化。而為使塔身美觀，塔身表面的磚塊則須規則堆積，一般會採用長身砌或長身丁頭砌兩種技法。

塔磚間的黏合，對磚塔的穩定性產生很大影響。唐代磚塔多以黃泥為漿，黏性稍差。宋遼以後，在黃泥漿中加入一定的石灰及稻殼，增加其黏合力。從明代開始，砌塔則全部使用石灰漿。由於磚塔縫隙非常多，塔身上極容易生長植物，由體形細小的雜草到樹木的根部，若生長深入塔身，將極大地破壞塔的結構，造

西夏王陵

圓覺寺磚塔

成坍塌。另外，構成磚塔的建築材料體形細小，容易被人竊取，杭州著名的雷峰塔，就是因人們竊磚而傾倒。

琉璃塔

琉璃塔是磚塔的一種，因為琉璃塔的琉璃，僅僅貼附在塔的表面，用以抵抗日曬風吹雨淋等風化作用；塔的內部，仍以磚塊砌築。因應不同經濟狀況，有的塔通體均被琉璃貼面包裹，有的僅僅在塔身特定部位，如轉角、塔檐等處貼附琉璃，有的則用琉璃燒製出浮雕造像，貼附在塔身表面。

石塔

石塔在體量上以小型塔居多，常見的石塔有經幢式塔、寶篋印塔、多寶塔、覆缽式塔，以及小型的密檐式塔和樓閣式塔。

金屬材質的塔

金屬材質的塔很少，體量也很小，大多作為工藝品，常見的製塔金屬包括鐵、銅、銀、金等。金屬塔大多整體鑄造成型，由於金屬鑄造工藝本身的限制，成塔甚少高聳入雲，有的只以鑄造部件組裝而成。因為金屬材料受熱膨脹較木磚石等傳統材質為高，且多存在鏽蝕問題，故金屬材料並非砌築高塔的良好材料。

金屬塔的建築興起於五代十國時期，由於鑄造技術及成本限制，始終沒有興盛過，僅宋明兩朝曾鑄造過一定數量的鐵塔。但作為工藝品，金屬塔就相對常見得多，大多以金銀等貴重金屬鑲上寶石製成，是中國古代金屬鑄造藝術的代表。

香泥小塔

香泥小塔是以寺院中供奉的「香」為材料，蘸濕打成泥而雕塑成的小型佛塔，屬於宗教法器，而非建築物。香泥小塔是藏傳佛教常用的法器，塔多為覆缽式造型，下部築有基座，基座上有一覆缽式塔肚，部分香泥小塔在塔肚上方還有塔脖子，構成一個完整的覆缽式塔造型；有的沒有塔脖子，則形成類似無縫式塔的造型。僧侶會一次製作一定數量的香泥小塔，供奉在佛前，或者藏於大塔的地宮或寶頂中。北京真覺寺金剛寶座塔、甘肅山丹縣大喇嘛塔，均有大量香泥小塔出土。

其他材質的塔

其他材質砌築的塔，還包括象牙塔、玉雕塔、骨雕塔、陶瓷塔等，這些材質的塔，大多不是作為建築物存在，而是作為宗教法器或工藝品存世。

風水塔

東莞鎮象塔

東莞鎮象塔，原址位於廣東省東莞市區內象塔街，為南漢建造的石經幢，俗稱鎮象塔，南漢大寶五年（即北宋建隆三年，962 年）由莞人邵廷琄所造，是「鎮象」所用的寶塔。原立於東莞市莞城資福寺（今莞城中心小學）前，現存東莞市博物館內。

據典籍載，千多年前，南粵東莞郊野野象肆虐，聯群結隊，踏食田禾，時人苦不堪言。南漢官府累次派人捕殺野象後，將象骨埋於地下，並在其上建造寶塔，以鎮壓並超度野象的魂魄。清陳伯陶《東莞縣志》:「南漢時，群象害稼，官殺之。大寶五年，禹餘宮使邵廷琄聚其骨建石塔以鎮之。今在一小廟中，俗呼象塔廟塔，四旁邑人加甃，以石入地，不知幾許。塔身出地者高四尺，有奇圍四尺為八面，上勒大士像，下周遭刻序文及咒語，行書約千餘字。」元吳萊《南海古蹟記》及清翁方綱《粵東金石略》所載相同。此塔現被列為南漢名勝古蹟。

鎮象塔為一八角形石經幢，屬標準的寶篋印塔形制，是目前世界上現存建造年代最早的獨立寶篋印石塔。底層為石幢，上部為石塔，建築結構分五層，包括：底座、首層須彌座、座蓋；二層須彌座、座蓋；三層石幢柱、柱上蓋；四層扁圓形石鼓墊；五層四角形佛塔等。其中石幢柱用花崗岩料，餘皆採用砂岩。全塔通高（不計散失的塔剎部分）397 厘米，最寬處（以首層蓋為準）105 厘米。

該塔的石幢柱八面皆刻有銘文，因石質風化，只能認讀部分文字：第一面可辨認的文字有「以大寶……月乙卯朔六日庚申……面招討特使進行內侍監上柱國邵廷……塔五層四面龕室……群象踏食百姓田禾累奉敕下着人采捕驅括入欄烹宰應瞻軍……遺骸滯魄難超捨去……」等字樣；第二面至第八面均為《佛頂尊勝陀羅尼經》經文。

南漢石經幢於 1966 年 4 月，經廣東省博物館考古隊發掘出土。發掘前只有石經幢柱露出地面，高 1.06 米；經發掘，在 2 米深處發現脫落的經幢蓋等零件，得以恢復其原貌。塔基底下和首層、二層間分別出土北宋熙寧元寶、元豐通寶和崇寧重寶等銅錢。塔基底端上層內出土宋代青瓷、黑瓷、影青等瓷片和一枚元豐通寶。以下深 50 厘米處出土板瓦、筒瓦、碎磚和唐宋陶瓷碎片，還有豬牙、鹿牙、龜甲、貝殼、蠔殼等。再下深 50 厘米為純砂層，僅出土水生物遺殼。未發現當地傳承所述的象骨。

龍津石塔

沙井地區河流密佈，有茅洲河、洋涌河、新橋河、沙井河（龍津河）等，未建橋樑時，人們出行皆靠渡船，渡頭甚多。宋代，沙井河口有龍津渡頭，河口外為波濤洶湧的合瀾海。該處常有巨浪沖至岸上，肆虐沙井河兩岸。

南宋嘉定十三年（1220），歸德鹽場鹽官承節郎周穆倡議各界捐款修築石拱橋，橫跨龍津河兩岸，取名龍津橋。橋成之日，橋下的沙井河波濤洶湧。周穆從雲溪寺請來高僧，在橋側豎立一座經過施法並刻有經文及咒語的石塔，以鎮水患，此即龍津石塔。其事明張二果《東莞縣志・龍津橋》有載：「宋嘉定間，鹽官承節郎周穆建，橋側立塔，高丈有二尺。舊傳，橋成之日，風雨驟至，波濤洶湧，若有蛟龍奮躍之狀，因立塔鎮之。」清嘉慶《新安縣志》所載相同。

龍津石塔位於深圳市沙井鎮沙四老村河涌邊，為一鎮水患的風水塔，當地人稱之為花塔公或渡頭石塔。該塔以粗砂岩材鑿製，平面方形，高約 1.8 米，台基四轉角刻蓮節柱。塔上雕刻體現出許多佛教特點。塔身正面為釋迦半身浮雕像，其手勢為「捏二伸三」，這種手勢，即妙音天。據傳，妙音菩薩來到靈鷲山時，時正下雨，空中出現七寶蓮花，同時有百千音樂自鳴，菩薩以十萬種伎樂供於佛前，遂獲玄妙音聲。左側龕中浮雕為「雙

龍津石塔正面

龍津石塔背面

龍津石塔龕中浮雕（一）

龍津石塔龕中浮雕（二）

手合十」；右側龕中浮雕為一手斜握「慧劍」，意指仗劍除妖，能斬斷一切煩惱，威力甚大。塔身下部為 42 字的梵文咒語，惜已磨泐不清，背面陽刻有「嘉定庚辰（按：宋嘉定十三年，1220 年）立石」字樣。塔身下為方形竹節角柱須彌座。塔頂為四坡水，檐子平而直；檐下有混檐，即古代建築的防火檐；鑽尖塔頂以寶珠收尾。

該塔為深圳現存年代最早的建築，是佛塔向風水塔功能轉變的早期實例。1984 年，當地群眾在原塔基前重建塔座，將殘存塔身等安放塔基上。2000 年 6 月，沙井鎮政府公佈龍津石塔為鎮級文物保護單位；2004 年，寶安區人民政府公佈為區級文物保護單位；2015 年 12 月 10 日，廣東省人民政府公佈為第八批廣東省文物保護單位。

文昌塔

文昌塔，又稱文風塔、文峰塔、文筆塔、文塔，有高兩層、七層、九層、十三層之分。古人非常重視「文昌」，在各大城鄉多建有文昌塔。文昌，即文曲星，也有稱為文昌帝君，主讀書功名事業等，故深受文人崇拜。根據民間傳說，文塔是供奉魁星（又名文曲星），掌握文人騷客功名命運的神塔。文曲星手執一筆，誰被此筆點中，便可高中進士、舉人等科舉功名。明代中期以後，嶺南建築講究風水的風氣大盛，各地熱衷於建文昌塔，而凡是有文昌塔的城鎮或鄉村，過去都出過不少文人墨客。

雲津閣文塔

雲津閣文塔位於廣州市荔灣區龍津西路龍津橋頭附近逢源涌畔，是一座六角形金字尖頂瓦木建築古塔，建於明末清初其間。

雲津閣文塔正面

雲津閣文塔背面

文塔坐北朝南，磚木結構，為廣州市區內唯一的文昌塔。塔高兩層，高 13.03 米，塔身以東莞大青磚砌成。底座為石腳，每面寬 2.5 米，塔圍共 15 米，直徑 5 米。塔門向北，門首有「南軸」石匾，二樓腰淺處有小檐，窗頂上方嵌有「雲津閣」石匾。全塔檐口均設素色瓦當及須瓦。頂尖的陶塑葫蘆高達兩米。塔身窗花裝飾樸實小巧，以白鱔土製成。塔內原供奉一手捧斗、一手執筆的魁星，相傳誰人被此筆點中，便可中科舉功名，故建築外觀酷似筆尖朝上的形狀。

塔周圍本河涌遍佈，荔枝樹叢生，過往曾在塔附近發現有「古之花塢」石匾一塊，還有半副刻有「祀崇花塢樂平康」字樣的石聯，證明該塔所在地為南漢國王花塢故地，惜這兩副石刻在「文革」後便下落不明。

「文革」期間，文塔及其附近被用作生產工場。1985-1988 年間，政府照原樣加以修復。2002 年 9 月公佈為廣州市文物保護單位。2009 年 6 月再進行修葺，以文塔為中心，打造一個文化休閒廣場。

深井村文塔

長洲島深井村最早可追溯至南宋末年，村內現有的原住民淩氏，因逃避元兵追捕而從福建遷入。深井文塔坐落黃埔長洲鎮深井村邊土坡上，建於清代，為一座樓閣式的磚木結構古塔。

該塔坐東向西，塔身呈六角形。塔下基底以磚線逐級放大，塔身轉角處兩磚相咬，嚴實無隙，由下而上，稜角清晰，線條筆直；二層及三層轉角處，塑有跳躍的鯉魚，魚尾及嘴頂着飄檐，魚鱗塗上景泰藍色，描以黃邊，嘴唇嫣紅，格外生色。塔膛為六角直井式。正門門額「山明水秀」，二層窗上石額為「振采高飛」，相傳均出自深井村書法好手凌霞成之手；第三層在正門左側開一圓形窗户。

塔身每層均有腰檐飄出，逐層收小。飄檐下方雕塑有精巧的浮雕圖案，尤以「金龍騰飛」、「綵鳳飄舞」、「雄獅嬉戲」、「麒麟架雲」四幅，形態逼真，躍躍欲動。塔頂作反拋物線攢尖，坡度陡峭；頂上為一朵盛開的蓮花，花心托出一樽葫蘆。塔內每層用木板相隔，首層供奉土地神，二層供奉文武二帝，三層供奉魁星。逢年過節，村民都會來此拜祭，祈求風調雨順，國泰民安，五穀豐登。

村南文塔崗上，另有文塔一座，該塔坐南向北，曾於1958年被拆，今原址依公園文塔重建，模樣大小與公園文塔幾乎完全一樣。惟該文塔門上橫額為「冠冕南極」，二層窗上石額為「高步青雲」，三層圓形窗户開在正門右側。

茶坑村熊子塔

熊子塔又名凌雲塔，位於茶坑村背後熊子山（又名鳳山）山巔，建於明萬曆三十七年（1609）。「熊」讀「泥」，「熊」字下面四點少一點，為新會特有的字，指三隻腳的水魚，傳說這種水魚有毒。在宋代時，熊子山是海中小島，後因沙泥沖積形成平原，海中小島便成為陸上小山。據《新會縣志》記載：「熊子山在城南二十里，又有鼠熊、馬熊、東熊、西熊、長熊諸山。山凡五，各有三足，故云『熊』。」熊子山下河流縱橫，潭江和西江支流在此匯入銀洲湖，故亦稱熊海。遊客登臨其上，可遙望銀洲湖景色，稱為「銀洲塔影」，乃新會八景之一。

據云明萬曆年間（1573-1620），新會知縣周思稷認為，時新會文運未顯，其東南卑弱於法，而在東南巽位的山，正是人文之應，便建議在山上建塔。其後周思稷任滿，由下任知縣王命璿在萬曆三十七年（1609）主持興建，建塔於熊子山。三年後（1612）壬子科鄉試有 13 人中舉，翌年（1613）癸丑科會試有三人中進士。明清時期，茶坑鄉屬廣州府新會縣潮居都轄區，新會士人稱熊子塔為「文筆」，認為此地人傑地靈，定出文魁式的人才。

梁啟超 11 歲時所作〈登塔〉詩，1982 年由嶺南書法家秦䕫生書寫，勒石立於塔下。詩曰：「朝登凌雲塔，引領望四極。暮登凌雲塔，天地漸昏黑。日月有晦明，四時寒暑易。為何多變幻，此理無人識。我欲問蒼天，蒼天長默默。我欲問孔子，孔子難解釋。搔首獨徘徊，此理終難得。」

該塔為樓閣式磚塔，平面呈八角形，共七層，高 48 米。首層邊長 4.14 米，壁厚 3.7 米。階梯為壁內折上式。1979 年，該塔被列為新會縣文物保護單位。

聚奎閣文塔

聚奎閣文塔位於佛山順德容桂鎮天佑城旁，屬清代建築。塔為閣樓式磚木結構，塔磚砌法有一特點，每五行變一款式，開始是一橫一順，接着是兩順一橫，繼而三順一橫、四順一橫、五順一橫，是佛山市順德區現存古塔磚砌法中的孤例。

塔正面朝東，塔身六角形，每角牆寬 4.1 米，計共七層，總高約 42 米。正向每層均有石帽刻字，第一層刻「飛出上青霄氣」；第二層「秀甲獅陽」（塔在桂洲獅山之南）；第三層「聚奎閣」；第四層「題名處」；第五層「涵高下」；第六層「鳳鳴」；第七層「靈照」，沒款識。書體包括楷、草、篆、隸、行五類，據傳為胡俊手筆，考胡俊為桂洲人，清乾隆五十七年（1792）壬子間考獲副貢生。

文塔於 1989 年修繕，塔周圍土地闢為文塔公園。1991 年 5 月，該塔被列為縣級文物保護單位。

福永鳳凰塔

福永鳳凰塔，位於福永鳳凰岩嶺下村口，其建築年代，今已難考，惟觀其形制及結構，則疑為清嘉道間（1796-1850）之物。據云該塔乃福永鳳凰村一帶的文姓族人所建，俗稱風水塔或文塔。其建造目的，是勉勵族人「開文運」及發揚先輩業績。

該塔呈六角形，六層，高約 20 米，各層皆疊澀出檐，無平塔座。塔基及第一層下半段以麻石砌成，檐為五層菱角牙子及七平層疊成。塔內每層有樓板及木梯。

第一層正面開方形門，門額陽刻橫書「鳳閣朝陽」；第二層正面有券門，門額橫刻「開文運」，門聯云：「地近丹山從鳳翥，天明黃道任龍翔」；第三層正面亦開券門，橫額「經緯樓」，左右聯云：「鳳雲蟠五嶺，金壁聯三台」；第四層正面開方形窗，石額直書「獨佔」；第五層亦開方形窗，石額「直上」；第六層正面開圓窗，石額「倚漢」，各層的第二面及第六面開有長形小窗，用以透光。塔頂為六注攢尖頂，塔剎已毀。1984 年 9 月，該塔被深圳市人民政府列為市級文物保護單位。今存塔剎為 1991 年重修時所加。

福永鳳凰塔

沙涌文筆塔

沙涌村位於中山市南區中心區，坐落於五桂山山脈文筆山西邊，由沙涌、上塘兩個自然村組成。沙涌村於南宋嘉泰三年（1203），由馬南寶先祖驛、駁從新會縣城金紫街遷居於此創立，因樹旁河涌多沙，故名。上塘村立於明代，由唐、歐兩姓人遷此建村，名「上堂」；又因村中水少塘多，村民填塘建房，民國初年改稱今名。兩村於 2002 年合併為新行政村，辦公地點設在沙涌，新行政村因取名為沙涌村。

沙涌文筆塔

沙涌村有文筆塔一座，建於清代。相傳南宋末年，宋帝與陸秀夫、張世傑等逃至江門新會崖山路上時，香山（今中山）沙涌村人馬南寶傾盡家產，獻糧餉軍，協助抗元，宋帝十分感激，賜馬南寶工部侍郎。後人為表彰其事跡，於村口建「侍郎故里」牌坊，並於村旁山上建文筆塔，以紀其抗元扶宋之功，並壯鄉聲，祈多出文人。

文筆塔高約 11 米，底周長 13 米，以花崗石作塔基，青磚砌塔身，磚厚 0.7 米，以六條麻石橫支承成空心圓體，由下而上收小，外形為筆尖狀。塔身鑲嵌石碑一塊，用楷書陰刻「綵筆生花」四字。塔身有部分損壞，於 1988 年重修。

引航指路塔

廣州琶洲塔

琶洲塔位於廣東廣州海珠區新港東路琶洲村。明代中葉後，嶺南建築講風水的風氣大盛，各地熱衷於建風水塔。時風水家認為：廣州為山水大盡之處，其東水口空虛，靈氣不屬，法宜以人為補之，補之莫如塔；廣州東面珠江江心的琶洲，石塚高平，宜在上建塔，遂有琶洲塔。

相傳琶洲當時水面常有金色的海鰲出現，每當這些海鰲出現，附近便光亮一片，因為出現這些異象，故琶洲塔又被稱為海鰲塔。清仇池石《羊城古鈔》卷七記載：「海鰲塔，在城東南四十里琵琶洲上，……洲當會城下游，有二山連綴，穹然若魁父之鄴。其內一石山塚高平，建塔其上，名曰海鰲，蓋以常有金鰲浮出，當如白日也。赤崗、海鰲兩塔屹然與白雲之山並秀，為越東門戶，引海印、海珠為三關，而全粵扶興之氣乃完且固。蓋吾粵諸郡以會城為冠冕，會城壯，則全粵皆壯。乃今三塔在東，三浮石在西。西以鎖西北二江之上游；東以鎖西北兩江之下流。而虎門之內，有浮蓮塔（按：即蓮花塔）以束海口，使山水回顧有情，勢力愈重。是浮蓮塔又為江上之第三道塔云。」

琶洲本作為風水塔而建，明代中葉以後，又作為導航標誌，是廣州海上絲綢之路的重要遺址。建塔時，琶洲未與珠江南岸相連，仍屹立於江中，其對進出廣州的船隻，起導航作用。崗頂的琶洲塔儼如中流砥柱，是清代羊城八景之一，名「琶洲砥柱」。琶洲塔竣工 12 年後，在瀕臨獅子洋的番禺蓮花山上，加建蓮花塔；竣工 19 年後，又在琶洲西面的赤崗增建赤崗塔。

琶洲塔為八角形樓閣式磚塔，外觀 9 層，內分 17 層，高 50 餘米，內膛為八角直井式。塔基座平面為八角形，每邊長 5.6 米，基高 1.15 米。由紅砂岩壘砌，基面以灰色斑岩鋪砌，基側八面分別刻有八卦圖。塔基八個角均鑲石刻托塔力士，力士呈跪狀，或頭頂塔，或雙手托塔，或單手托塔，形態栩栩如生；每個力士均高半米，寬半米。

整座磚塔由下至上，每層呈遞減勢盤旋而上，從首層每邊長約 5.6 米，至第二層的 5.25 米、第三層的 4.9 米、第四層的 4.62 米、第五層的 4.2 米、第六層的 3.89 米、第七層的 3.85 米、第八層的 3.6 米、第九層的 3.4 米，愈往高層其塔廊愈顯擠窄，最頂層外廊僅能容一人側身通行。

首層直徑為 12.7 米，邊長約 5.6 米，塔壁厚 3.97 米，闢三門，南北門進首層塔心室；西門原有磚砌梯級，上二層暗層塔心室。塔梯為穿心壁繞平座式，盤旋而登頂層。塔每級設龕。從第二層起，各層四面開門，如十字巷，縱橫貫通，相鄰兩層相對錯開闢門；其他各面無門，而設龕為假門。

塔身轉角均置紅色倚柱，柱頭施黑色及紅色額枋，牆身以灰漿批盪成白色。額枋上以六疊菱角牙磚疊澀出檐，首層出檐 0.85 米，各疊紅白相間。每級腰檐上以四疊菱角牙磚疊澀，挑出平座。第二級平座寬 0.69 米。各級平座有木護欄。塔頂為八角攢尖頂，頂檐為鐵鑄雁形角樑伸出，以懸掛塔鐘，塔頂設凌霄角塔剎。

琶洲塔旁原有海鰲寺及北帝宮，但已於「文革」期間被毀。1992 年初，廣州市文物管理委員會修繕琶洲塔。1996 年 2 月修復完工。塔旁尚存〈琶洲鼎建海鰲塔記〉石碑。該塔列為省級重點文物保護單位。

廣州赤崗塔

赤崗塔位於廣州市海珠區赤崗一赤紅砂岩山崗上，該山崗高海拔 20-30 米，四周原處珠江河水中，後被淤填為農田和魚塘，明清時該地已形成村落。該塔為一座風水塔，明萬曆四十七年（1619），由廣東巡按御史直指王命璇倡建，為樓閣式青磚塔，工程未半時，因費用告絀而停頓，明天啟年間（1621-1627），繼由户部尚書李待問建成。

該塔平面為八角形，內膛八角直井式，塔高 53.7 米，首層直徑 12.5 米，外觀 9 層，內分 17 層。塔基每邊長 5.5 米，高 1 米，以紅砂岩砌成，表層為灰色斑岩，東邊在後來修復時以花崗石補鋪。各邊有外國人形象的托塔力士石刻造像。塔身為穿心壁繞平座式，塔表刷以白灰，各層八角均豎有一紅色依柱，柱頭有額坊，以菱角牙磚和挑檐磚相間疊澀出檐。

塔每級設神龕。首層闢三門，每門口均砌以石階。進首層塔心室，內存拜台花崗石板一塊，北門塔壁曾被拆去大片青磚，民國時期用紅磚修復，並於修復處嵌 0.36×0.27 米花崗石碑一塊，上刻番禺縣政府禁盜塔磚告示。西門有梯級上二層（暗層）塔心室。梯級為穿心壁繞平座式，盤旋至頂層，現木樓板已圮，不可登。塔體上端為一個八角攢尖塔頂。附近舊有塔剎，今不存。

該塔於 1989 年被列為廣州市文物保護單位。1998 年，進行維修，翌年完工，即今貌。

番禺蓮花塔

蓮花塔位於廣州市番禺區石樓鎮蓮花山，因蓮花山多產礪石，蓮花塔又名石礪塔；復因蓮花山東有獅子岩，蓮花山又稱獅子山，蓮花塔又稱獅子塔。因該塔矗立珠江入海口西側，是從水路進入廣州所見到的第一座塔，故又有「省會華表」之稱，與赤崗塔、琶洲塔並為三座引航指路的燈塔。

蓮花塔為明代樓閣式磚塔，建於明萬曆四十年（1612），是番禺舉人李惟風、劉如性等五人為防止採礦損傷地脈而籌資興建。塔高 48 米，佔地約 65 平方米，平面作八角形，外觀 9 層，內連暗層共 11 層，青磚砌築。塔層夾壁內磚砌梯級，盤旋而上頂層，每層八面設門、窗或龕。平座及塔檐以菱角牙磚及挑檐磚疊澀挑出。粉牆紅柱，綠琉璃瓦，八角攢尖頂。

歷經數百年風雨剝蝕，尤其是鴉片戰爭與抗日戰爭時期的炮火損傷，使蓮花塔塔頂坍塌，牆體破裂。1981 年，何添、何賢兄弟捐資修復該塔。1989 年 6 月，蓮花塔被列為廣東省文物保護單位。

紀念塔

南雄珠璣巷貴妃塔

南雄珠璣巷，原名敬宗巷，位於廣東南雄市北九公里，是古代中原地區人民經商或躲避戰亂而遷徙嶺南地區的中轉驛站。據多姓譜牒記載，現分佈於珠江三角洲地區的大多數廣府人，皆是珠璣巷居民後裔。自唐開元四年（716）宰相張九齡奉詔開鑿梅關驛道以來，該地已成為一商業重鎮。

珠璣巷全長約 1,500 米，寬 4 米，路面由鵝卵石砌成，分別聳立着南、中、北三座清代修建的門樓，北門為珠璣樓，南門鐫刻着「珠璣古巷」及「祖宗故居」。貴妃塔在珠璣巷南街珠璣古巷牌樓西側、鍾氏宗祠大門南側，是一座元代實心石塔，立於一口四方古井之上。據清簡朝亮編纂的《粵東簡氏大同譜》載：「珠璣巷在今南雄府北三十里沙水村，路旁有鐵舍利一座。」

石塔為紀念被奸臣賈似道所害的宋度宗妃子胡妃而建。據傳宋咸淳八年（1272）八月，度宗皇帝到景靈宮祭拜先皇後，恰遇大雨，賈似道欲於雨後以其大輅車接載皇帝回宮，惟胡貴妃兄長胡顯祖先以逍遙輦接走皇帝。賈似道大怒，事後誣陷胡顯祖兄妹有奪權野心。度宗聽信讒言，罷胡顯祖官，並逼胡貴妃出宮為尼。後來，胡貴妃出走，淪落南雄珠璣巷地，下嫁富商黃貯萬為妾，不料為黃貯萬家僕告發。賈似道便啟奏朝廷，誣說珠璣巷百姓造反，朝廷遂派官兵圍剿珠璣巷。這個事件史稱「胡妃之亂」。消息傳出，珠璣巷的居民恐遭禍延，紛紛逃難。其中不少砍竹結排，順湞水南下，一直漂流到珠江三角洲各地。胡貴妃見

貴妃塔

此慘狀，遂投井自盡。後人在井上建七層高的石塔，以作紀念。

該塔始建於宋末，被兵毀。元至正十年（1350）重建，置放在一古井之上。石塔為平面八角形，以七塊紅色砂質岩雕刻壘疊而成，共七層，通高 3.36 米。底座直徑 1.2 米，高 24 厘米。第一層高 59 厘米，為蓮花座，上有八角柱體，柱體上刻有「四大天王」浮雕，並刻有「南雄路同知孫朝列重立，元至正庚寅孟冬紀」字樣；第二層高 38 厘米，第三層高 40 厘米，第四層高 40 厘米，各層均有蓮花座；第五層高 30 厘米，塔身呈扁橢圓形；第六層高 40 厘米，第七層高 35 厘米，呈圓柱形。塔身為蓮花座鼓形，塔頂為寶葫蘆，高 30 厘米。整座石塔共刻有 36 尊羅漢浮雕。貴妃塔現已被列為廣東省重點文物保護單位。

惠州西湖泗洲塔

廣東惠州西湖旁邊的西山，一名豐山，清鄧掄斌《惠州府志》卷三〈輿地山川 · 西湖〉載：「西湖在府城西，一名豐湖。」同書同卷並無「西山」條，只載有「豐山」一條，云：「豐山在城西湖，從林家峰雷家碇衍脈，鎮麗湖邊。」該條所述豐山的位置「在城西湖」及「鎮麗湖邊」，而西湖既名豐湖，則西山當即豐山。

西山上有一泗洲古塔，原名泗洲大聖僧伽塔，建於唐中宗年間（684-710）。其時，僧人伽倈來到中國長安，中宗為其於泗洲建塔，後各地仿效泗洲建僧伽塔，命名為泗洲塔，惠州亦然。宋紹聖元年（1094）蘇軾謫居惠州時，名之為大聖塔。

清陸飛《歸善縣志》卷五〈壇廟·泗洲塔〉載：「泗洲塔即大聖塔也。考年譜，朝雲卒，先生於棲禪寺大聖塔葬處作亭覆之，不云泗洲塔。泗洲僧伽塔，東坡有詩，並自注引泗洲大聖，傳是大聖即僧伽也。據此，當仍舊名，曰大聖塔，曰僧伽塔為是。」由此可證泗洲塔即大聖塔，又名僧伽塔無疑。

明嘉靖四十三年（1564），塔廢圮，後曾改為亭，名超然亭（見清阮元《廣東通志·古蹟略·泗洲塔》）。明萬曆四十六年（1618），巡按王命璿復建為塔（見清陸飛《歸善縣志·壇廟·泗洲塔》）。清光緒初年，塔頂為雷火劈毀一角，後屢經修建。

泗洲塔

該塔高七層，以紅磚砌建，各層成八角形，有小窗八個，內有木扶梯，供遊人登塔眺望，惠州全景盡收眼底。塔前後有步級，自湖邊可登塔前，塔門外壁上嵌一石碑，文云：「惠州市重點文物保護單位，泗洲塔：泗洲塔，舊為唐朝泗洲大聖僧伽築，北宋紹聖元年，蘇軾謫居惠州時，名為大聖塔，有『一更山吐月，玉塔臥微風』的詩句。明朝嘉靖四十三年，塔壞，後改築亭，至萬曆四十六年復建為塔，屬古建築物。史稱雁塔斜暉；是西湖八景之一。」

距塔不遠處，有一長堤，名蘇堤。堤由棲禪寺僧人希固建於宋紹聖三年（1096），自西村直達泗洲塔，以石為堤，木為橋，乃蘇軾出資助築而成。橋名西新橋，俗稱蘇公橋，又名豐樂橋；堤則稱蘇堤。後橋改建為石橋。清雍正年間（1723-1735），知府吳騫稱之為「蘇堤玩月」，為惠州西湖八景之一。

※ 名墓篇

CHAPTER 04

宋末二帝陵墓

宋德祐二年（1276），南宋國都臨安（今杭州）陷落，宋恭帝被元軍俘虜。南宋大臣護送趙昰及趙昺南逃，並在福州擁立趙昰為帝，是為宋端宗。元兵窮追不捨，宋景炎二年（1277）農曆十二月，帝昰於井澳墜海，驚嚇成疾，翌年（1278）農曆四月十五日，在硇洲病逝，享年不足十周歲。

端宗病死後，大臣們擁立八歲的趙昺為帝，改年號為祥興，以陸秀夫為左丞相、張世傑為太傅，進駐廣東新會崖山，繼續抗元。宋祥興二年（1279）正月，元軍進攻崖山，張世傑所率領的宋軍寡不敵眾，大敗海上。3 月 19 日，陸秀夫見大勢已去，遂身穿朝服，負八歲的小皇帝趙昺，跳入海中殉國，南宋遂亡。

宋端宗陵墓

宋端宗陵墓，有傳坐落於香港大嶼山東涌黃龍坑。宋景炎三年（1278），宋端宗為躲避元軍追逐，逃亡至其地，染病逝世，遂葬於此。惜陵墓無考。

有傳謂帝昰在硇洲病逝後，遺體於五月運往香山沙涌馬南寶家。六月，宋末行朝移駐新會崖山。八月，遺體亦運到崖山。九月初一下葬，稱永福陵。野史載，帝昰病逝後，「葬於海濱亂山之中」，「莫辨其地」。然而，宋末行朝駐崖山的時間頗久，帝昰四月逝世，至九月初才下葬，建造永福陵應不致如此倉促，野史所載顯然不符合當時情況。

另有懷疑永福陵在崖山奇石海面相對的一邊——崖門鎮舊石屋村。因該地有大石崛起，覆蓋似屋形，故名；在三家（嘉）村區域內，村後來荒廢。該村不遠處山上，有一橫放的巨石，其後面的大石鑿有顏魯體行書「寶安黃石來」五字，其中「來」字剝落，頗似「台」字。該地人跡罕至，大石看似墳穴，石刻疑為陵墓的暗記。這猜測符合野史所說的「葬於海濱亂山之中」，但清康熙《新會縣志》卷五早已將此記為「仙人字畫」古蹟。據該志記載，傳說唐朝末年有奇人乘蟹出海，在這裏寫下這幾個字後升空而去，蟹則化為巨石，每當海風吹，海浪湧至山一樣高，堪為奇觀。清代建有「朝雲亭」於其旁。清道光《新會縣志》認為「寶安」為東莞古名，「黃石」為南宋淳祐東莞人黃石；可見「寶安黃石來」五字，意思是「寶安人黃石來過」，排除其為永福陵暗記的可能。

又據《崖山志》及《廣東新語》等記載，相傳舊日壽星塘有陵蹟五處，疑是宋遺民及崖山民眾懼元朝統治者的殘酷殺戮，為保全皇陵及個人性命的保護措施。因此，永福陵的具體位置，至今無人知曉。

此外，澳門沙梨頭麻子街有土地廟，名永福古社，相傳建於宋末。這座古社的名稱因與宋端宗永福陵同名，故被傳為宋端宗行宮。

宋少帝陵

宋少帝陵，早期稱宋少帝墓，為南宋最後一個皇帝宋少帝趙昺的陵墓，位於深圳市南山區赤灣小南山上，少帝路、赤灣公園及赤灣小學附近。陵墓坐落在南山赤灣天后宮西面約 500 米處，北依小南山，南臨伶仃洋。

據《趙氏族譜・帝昺玉牒》載：「後遺骸漂至赤灣，有群鳥遮其上，山下古寺老僧往海邊巡視，忽見海中有遺骸漂蕩，上有群鳥遮居，竊以異之。設法拯上，面色如生，服式不似常人，知是帝骸，乃禮葬於山麓之陽。」而民間則傳說，當時赤灣海灘漂來一具身着黃袍龍衣的童屍，其時，赤灣海邊天后廟（今赤灣天后博物館）的一根楝樑突然塌下，廟祝與鄉紳父老急忙焚香問卜，得知童屍為少帝遺骸，塌下的楝樑是天后娘娘送予少帝作棺材的材料，當地百姓於是在天后廟西邊小南山腳下禮葬趙昺。

宋少帝陵

宋少帝陵墓碑

該墓始建年代不詳，據傳於 1911 年，香港趙氏後裔才修建該墓。1963 年被赤灣駐軍發現。翌年初，由香港趙氏宗親會及蛇口工業區旅遊公司捐資，進行修葺擴建。

陵墓中央豎立一塊大石碑，上方刻有祥龍兩幅，中間刻有太陽浮雕。墓碑正中上刻「大宋祥慶少帝之陵」八字，據云「祥慶」應為「祥興」。右左兩行填金小字為「本山坐於兼祭復卦四支」、「辛亥歲趙氏三派裔孫重修」，兩旁有金字對聯：「黃裔於今延宋祀，赤灣長此鞏皇陵」。碑後為墳堆，有兩重弧形圍牆，前段中間頂面塑祥雲拱月，後段頂面塑雙龍拱日，下有鳳鳥裝飾。

陵墓周圍青草綠樹，東側有一塊泉州白石碑，正面為〈宋帝昺陵墓碑記〉，記敘宋少帝生平、陸秀夫負帝殉海經過，以及陵墓修建情況，碑文由著名書法家商承祚書寫；石碑背面刻有著名書法家秦萼生題寫的「崖海潛龍，赤灣延帝」八字。西側為高約四米的陸秀夫負帝殉海石雕像，北側有崖山海戰碑刻。

道滘大墳

道滘鎮位於東莞市西部，穗深經濟走廊中部，毗鄰東莞市區。據《東莞道滘葉氏宗譜》載，元至正二年（1342），葉正簡之子葉元洙六世孫葉大俊，由增城津溪土崗遷居到溪立村，取名「到滘」，意為到達河川相聚的地方。該鎮於清代屬中堂司，清道光十七年（1837）建濟川坊，1956年稱道滘區。葉氏後裔聚居道滘閘口、南城、厚德、大嶺丫、南丫、北永、永慶、大羅沙等村莊。

道滘鎮金牛坊村北，有道滘大墳，俗稱萬人墳。南明永曆元年（1647）三月，兵部尚書張家玉與道滘人葉如日等，在道滘率明兵及義士抗清，因遭清兵包圍，堅持月餘，糧盡援絕，被殺數千人。殉難者葬於當年農曆三月廿八日，屍填河邊大氹，即今大墳之地。清道光六年（1826），道滘舉人葉安濟帶頭捐銀，共捐得白銀千多兩，買得麻石砌地，重修大墳。

大墳長約 30 米，寬 20.85 米，因被公路佔用，故今長 21 米，寬 15 米，坐南向北。圍牆自高 1.8 米處，分四級從內到外依次降至 1 米，成一大拱手狀。葉安濟親自撰文，刻石為記。正中主碑高 78 公分，寬 47 公分，上刻「大墳」二字，左旁刻有「道光丙戌年吉旦重修立石」。主碑左右各有一石碑，高寬相同，兩碑皆高 48 公分，寬 32 公分。右碑刻「明殉節烈女石寶張姑娘，明誥贈一品夫人加贈夫人黎氏、陳氏、彭氏，明殉節各姓士烈女」；左碑為墓志，文云：「明季芷園張公忠於故主，屢敗因茲土。至率義士以圖復興，其眷屬明誥贈正一品夫人，陳氏黎氏彭氏焉，值天朝兵臨，公敗走增城，卒殉國，時夫人、姑娘、從軍之士，暨本鄉義士、烈女，從難而死於茲土者，下有勝數，後俱

道滘大墳

葬於此墳。茲因重修，爰立石以志。道光丙戌年（按：1826年）吉旦重修立石。」

每年農曆三月廿八日為大墳誕，鄉民皆到墓前祭奠。清朝及民國時期，由鄉中葉、吳、劉三姓人士輪番主持祭禮。舊有大墳田產，每年收穀租，用於拜祭。鄉中人組大墳會，每月出錢集資，大墳誕時買祭品奠祭，拜祭後分燒豬，此俗沿至1949年停止。道滘鎮人民政府為了保存道滘大墳，於1987年撥款重修該墳，於其前新建牌樓，設鐵欄柵，並種上松木，使大墳煥然一新。該墳現為東莞市重點文物保護單位。

清真先賢古墓及回教三忠墓

清真先賢古墓

清真先賢古墓，位於廣東省廣州市越秀區解放北路。先賢古墓佔地 2,200 平方米，安葬來自國內外的穆斯林，包括到中國傳播伊斯蘭教的傳教士及拜謁古墓的外地朝聖者等。古墓的建立原因，據廣州的穆斯林相傳，謂為安葬賽義德・本・阿比・瓦卡斯（古譯為阿布・宛葛素或蘇哈白・宛噶素）而興建。傳說瓦卡斯是伊斯蘭教創始人穆罕默德的信徒，亦有傳是穆罕默德的舅父，於唐貞觀初年，按照穆罕默德的教誨，前來中國傳教，最終在廣州逝世。唐貞觀三年（629），穆斯林將他安葬於今清真先賢古墓內。

清真先賢古墓聞名中外，被部分穆斯林視為伊斯蘭教「小聖地」，於 1815 年（清嘉慶二十年）、1845 年（清道光二十五年）、

1934 年、1955 年及 1964 年多次重修。建國後，廣州穆斯林於 1956 年創立廣州市伊斯蘭教協會，清真先賢古墓自此交由協會屬下的清真寺民主管理委員會負責管理。「文革」時期，古墓被鏟去一半，廣州市伊斯蘭教協會亦停止活動，至 1981 年恢復。1985 年，清真先賢古墓被列為廣東省文物保護單位，廣州市伊斯蘭教協會亦撥款，為古墓進行全面整修。2013 年，清真先賢古墓被列為全國重點文物保護。不少中外穆斯林遠赴廣州拜謁瓦卡斯的陵墓，並視死後葬在其墓側為榮。

回教三忠墓

瓦卡斯墓前廣場東側，建有回教三忠墓。該墓為南明政權駐守廣州的回族將領羽鳳麒、撒之浮、馬承祖三人的衣冠塚。清順治七年（1650），平南王尚可喜率兵征廣州，南明鎮守廣州的四衛指揮使羽鳳麒等，率領將士奮起抗敵，與清軍相持近兩月，終因糧盡援絕，寡不敵眾。廣州城陷，羽鳳麒遂於雙門底拱北樓自縊殉國，撒之浮、馬承祖亦於抗擊清軍中陣亡。後廣州居民為之建衣冠塚，以表其忠，稱回教三忠墓。

墓為三墳並列，坐北朝南，相互距離約 3 米。地面建築為伊斯蘭教傳統石棺形式，以水泥灰沙建成。墓長 1.98 米、寬 1.26 米、通高 1.31 米。墓頂層為一平臥圓柱狀，下為長方形棺室，分兩級，逐步向外擴大。中間一墳立有紅砂岩石碑一塊，高 1.24 米、寬 0.45 米，上以隸書刻「回教三忠」四字，無上下款，據碑石及文字顯示，應為清初建墓時原碑。

回教三忠墓於「文革」時期曾被破毀，1955 年由政府重建。墓北側有三忠亭，綠釉琉璃瓦歇山頂，寬深約 2.85 米，裝修簡潔。

張家玉墓

張家玉，字玄（元）子，號芷園，廣東東莞人，生於明萬曆四十三年（1615），少好習武，19歲考取秀才，為廣州儒學生員。明崇禎十六年（1643）進士。李自成陷京師，被執，張家玉長揖不跪，後乘李自成率兵抵禦吳三桂時，逃回東莞。

南明弘光元年（1645）五月，清兵破南京，弘光帝被俘。張家玉逃往杭州。閏六月，唐王朱聿鍵即位於福州，改元隆武。七月初一，隆武帝親征江西，命張家玉為兵科給事中，監督御右營永勝軍，出杉關，謀復江西。十一月，清軍圍撫州，張家玉率軍馳援，埋伏誘敵，先後在許灣（今臨川）、千金坡大敗清軍，解撫州之圍。

江西淪陷後，張家玉擁立永曆帝，擢為兵部尚書。南明永曆元年（1647）十月，大兵步騎萬餘來擊。張家玉三分其兵，犄角相救，倚深溪高崖自固，大戰十日，力竭而敗。諸將請潰圍出，家玉嘆曰：「矢盡炮裂，欲戰無具；將傷卒斃，欲戰無人。烏用徘徊不決，以頸血濺敵人手哉！」因遍拜諸將，自投野塘殉國。

張家玉墓位於東莞厚街三屯村竹溪張軍嶺牛眠岡，建於張家玉死後兩年，即南明永曆三年（1649）。墓為灰沙構築，墓前有墓碑、墓堂及華表一對。1988 年 7 月，東莞市博物館進行考古發掘，出土文物中有完好的綠釉陶罐兩個，高 14.5 厘米，口徑 10.4 厘米，腹徑 14 厘米，底徑 9 厘米。墓室位在墓碑之後，內無屍體，只有頭蓋骨一個。墓碑正中直刻〈皇明追封增城侯謚文烈張公墓〉，其旁文云：

> 公諱家玉，字玄子，號芷園，係封增城侯體乾公之長子也，生於萬曆乙卯年（按：1615 年）十二月十三日辰時。元配一品侯夫人彭氏。由崇禎丙子（按：1636 年）科鄉試《易經》中式第三十七名，崇禎癸未（按：1643 年）科會試中式第一百九名，初授翰林院庶吉士，升兵科給事中兼翰林院侍講，欽命監軍便宜行事，特賜正大光明銀印，累升禮兵二部左侍郎。丙戌（按：1646 年）虜騎入粵，大舉義師恢復。丁亥（按：1647 年）冬十月殉難增城，蒙恩加贈奉天翼運中興宣猷守正文臣，特進光祿大夫、左國柱、少保兼太子太師武英殿大學士、吏部尚書，追封增城侯謚文烈。己丑年（按：1649 年）八月十五日奉柩葬於將軍嶺牛眠石亥向之原。

永曆己丑年八月十五日世襲錦衣衛指揮使加都督府同知胞弟家珍立石。欽差戶部浙江司主事陳子履諭祭。欽差兵部武庫司主事倫鳳翔諭葬。東莞知縣凌玄渠、縣丞蘇之攢、主簿張聯標、典史劉曰藻同督造。

張家玉墓碑（拓片）

黃舒墓

黃舒，字展公，東晉江夏（今武漢）人，生卒年不詳。家境貧寒，從小勤懇勞動，非常懂禮貌。後隨其父黃教自江夏遷居東官郡寶安縣，定居寶安沙井。黃舒每天幹活後回家，定穿戴整齊，侍候父母用膳，雖酷暑難當，大汗淋漓，仍堅持正裝，從不鬆解冠帶。父母所囑事，從不怠慢半刻。父親去世時，黃舒痛不欲生，親自為父親負土造墳，在墓地旁搭草蘆守孝三年，白天照常勞動，勞動後照顧母親，晚上就在荒野草廬中為父親守墳。後母親去世，黃舒又為母親守孝三年。據說，朝廷下詔予以表彰，賜黃舒「孝子」的榮譽稱號，並將其比作春秋時孔子學生、大孝子曾參，其居住地連帶村名改為參里，附近的山則為參里山。明代，參里山被列為新安八景之一，稱「參山喬木」。

南朝宋沈懷遠《南越志》載：「寶安縣東有參里，縣人黃舒者，以孝聞於越，華夷慕之如曾子之所為，故改其居曰參里也。」明崇禎《東莞縣志》最先為黃舒立傳。清康熙《東莞縣志》載：「晉黃舒，事親至孝，家貧力業，以供修瀡。侍膳極恭，盛暑未嘗解冠帶，親所頤指，雖千里外往焉，曾無難色。父卒，皇皇如欲無生，躬負土為墳，廬於其側，深野無人，豺狼左右號，而舒安之。每寒夜哭，聲出林薄，隨悲風遠聞，人為泣下。郄酒肉弗御，日進淖糜一盂。久之，形容枯槁，人勸其還，哭而弗答。居母喪，亦如之。閭巷皆謂舒生養歿哀，今之曾參也。有司奏旌其門，因名其曰參里，傍有山亦稱參里山。宋沈懷遠《南越志》載舒事，謂不讓古人云。」

黃舒死後葬在沙井，清嘉慶《新安縣志》載：「晉孝子黃舒墓在大田鄉豬母崗」。墓在今步涌村大田路旁，坐南面北，彷彿凝望着北方故鄉。墓前街道名叫大田路。墓為清代墓葬形式，三合土享堂地面，青磚墓壁，拜堂處顯露出部分沙岩條塊，通進深 9 米，通面闊 5 米，墓碑為花崗岩質地，官印碑頂，碑額處浮雕雲紋圖案，有碑文「晉欽旌孝子始祖考鄉賢參里黃公之墓」，字跡模糊。該墓被列為深圳市寶安區區級文化保護單位。

深圳廣府黃氏皆以黃舒為榮。上沙村有懷德黃公祠，相鄰的下沙祠堂內有「澤傳參里，聲訖程鄉」的祠聯。南山區北頭村黃氏至今還保留有清同治年間（1862-1874）所編的族譜，其中記載寶安人黃舒「生八子，分居各處，綿綿瓞瓞」。寶安區新安街道上合村黃氏先人鑑於黃舒的影響力，在清朝修建祠堂時，特意為紀念黃舒而建造「孝行流芳」牌坊。

義勇之塚及節兵義墳

義勇之塚

義勇之塚位於東莞市虎門鎮鎮口社區南牛背脊山（又名大人山）山腰，建於清光緒十一年（1885），是鴉片戰爭時期虎門保衛戰中犧牲的清朝官兵合葬塚。

清道光二十一年（1841）二月，英軍大舉進攻虎門上橫檔島炮台，守台將士奮力還擊，結果大部分以身殉國，餘十多名身負重傷，寧死不屈，憤然集體投井，壯烈犧牲。戰後，虎門軍民從井中撈起無名勇士的遺體，與其他陣亡士兵一起就地安葬。清光緒十一年，虎門軍民將這些忠勇之士的骸骨遷至橫檔島山邊，築墳安葬。該塚墓碑為花崗石，高 130 厘米，寬 47 厘米，正中題「義勇之塚」，上款刻「光緒十一年乙酉花月遷葬」。1974 年，遷至牛背脊山山腰。新塚坐東北向西南，寬 5.17 米，深 9.55

米，佔地面積約 50 平方米。墓體與民間墓葬相彷，呈隆拱狀，以灰沙批盪。墓室兩旁刻有「英靈鍾吉地，佳水繞明堂」對聯。該塚被列為國家重點文物保護單位。

節兵義墳

清道光二十一年（1841）十二月，英軍大舉進攻虎門，沙角、大角炮台相繼陷落，600 多名官兵，除少數成功突圍外，其餘包括三江協副將陳連升父子都壯烈殉國。局勢危急時，陳連升命守台千總黎志安攜關防回營，又令士兵將十四門完好大炮推落海中，免使落入敵手。

戰後，當地群眾趕往炮台辨認屍體，大部分均被認領，餘 75 具無人認領，虎門鄉親遂將其集中，就地安葬。兩年後，按

節兵義墳

南方風俗起金定葬。後因連年戰亂，義墳漸被湮沒。1958 年，海軍部隊某部於該處修建碼頭，開山挖土時，發現義墳墓碑及裝有骸骨、匕首的魂瓶。1964 年，當地文物部門將義墳遷至白草山北麓，重修於 1971 年。

義墳原有一塊花崗岩石碑，陰刻文字三行，正中直書「節兵義墳」，上款「道光二十三年（按：1843 年）六月吉旦立」，下款「節兵七十五位合葬」。1971 年重修後，墓分兩級，下級嵌有重修碑一面，上級嵌原碑。該墳被列為國家重點文物保護單位。

華僑義塚

華僑義塚是埋葬無主華僑屍骸的墓地，據史籍記載，自 19 世紀起，不少國人被「賣豬仔」，遠赴美洲及東南亞一帶作勞工。華工們付出沉重代價，在極艱苦的條件下工作，不少在工作中因病或事故而死。在外地去世後，其骸骨有被外地僑胞所自發組成的華僑社團檢拾，並運回家鄉，由死者家屬認領；無人認領者，則由當地慈善機構集體安葬於華僑義塚。

當時，運回的華僑骸骨，大多以新會為中轉站。有等骸骨運回新會後，因各種因素影響，未能轉運他地，積存日久，只得就地於新會安葬。江門新會共發現華僑義塚群四處，分別為黃坑海槐華僑義塚、黃坑木山華僑義塚、黃坑大槐華僑義塚、黃沖坑鶴嘴華僑義塚，墓穴總數達 2,500 多座。

黃坑海槐華僑義塚

黃坑海槐華僑義塚位於會城城西高科技工業村一家大型工廠背後，義塚為旅美華僑墓地，葬於清光緒十九年（1893）。1992年被發現，各墓碑上字跡模糊。1993年別闢墓園安葬。義塚主碑有「義塚」兩字；其旁碑志上刻「金山各阜先友骸骨運回本邑，自光緒十四年至十八年（按：1888年至1892年）二月，除領回安葬外，尚存三百八十七具，於本年二月二十三日安葬於此。光緒十九年（按：1893年）歲次癸巳仲春仁育堂謹志」；另一旁為「義塚后土」。各墳為灰沙穴，半圓形，於主碑兩旁左右對稱排列，共387穴，男性362人，女性25人；女性中未婚者8人。

義塚墓主碑上，以「福德」為名字者29人，其中24位只稱「福德公」，無真實全名，亦即無名氏。此因中國傳統對死者一貫厚道、尊敬，為免令人聯想到死者的悲慘處境，遂以「福德」命名。內中有一塊「福德諸公碑」，表示是合葬墓，乃多主屍骨混雜，或不全而合葬。

義塚遷葬整修後，每年清明節期間，新會華僑中學學生皆會前往掃墓；回鄉探親訪友者，亦會前往拜祭。

黃坑木山華僑義塚

黃坑木山華僑義塚發現於1993年，為安南埠華僑義塚墓地，約有墳墓200穴，葬於清光緒六年（1880）。義塚坐東向西，主碑刻「光緒六年孟夏，安南埠義塚，積德社立」。此義塚是新會目前所發現的義塚中年份最早者，惜各墓破損嚴重，且多缺碑石。

黃坑大槐華僑義塚

黃坑大槐華僑義塚發現於 1993 年，為華僑先友義塚墓地，原建於 19 世紀末，1936 年重修，約有墳墓 440 穴。義塚坐西向東，主碑為花崗岩石，上刻「民國二十五年重修，華僑先友義塚，仁安醫院立」。其內各墳為灰沙穴，半圓形，分列 21 行，每行 21 穴。

黃沖坑鶴嘴華僑義塚

黃沖坑鶴嘴華僑義塚發現於 2001 年，約有墳墓 1,500 穴，為新會目前所發現的最大規模的義塚。主墓碑及紀事碑未見，只發現「義山后土碑」一幅，其下款刻有「仁安醫院」字樣。其墓穴均以灰沙灰磚砌成，多為紅磚墓碑，間有麻石墓碑；墓穴呈半圓形，排列成行。墓主除新會人外，亦有湖南、連縣、肇慶、欽州等外地人士，就中女性頗多。義塚墓群的墓主碑上的編號、卒年等，皆採用當年流行的「加碼字」（又稱「花碼」，曾在中國民間流行的數字）。

※ 遺址篇

CHAPTER 05

寶鏡灣岩畫

寶鏡灣遺址

寶鏡灣遺址位於廣東省珠海市金灣區南水鎮高欄島西南部寶鏡灣、中海油珠海公司高欄灣石化倉儲區內，為一處沙丘連山崗遺址。1997-2000 年間，於該地進行多次考古調查發掘，發現五處共七幅摩崖石刻，並出土大量新石器時代晚期至商周時期的陶器、石器、玉器、水晶器等遺物及居住遺蹟。2006 年被列為第六批全國重點文物保護單位。

寶鏡灣岩畫

寶鏡灣岩畫為青銅時代產物，經專家考證，距今約二三千年歷史。1989 年 10 月，由珠海市考古工作者發現，共四處六幅，散佈於海灣所在的山腰及山麓 200 米範圍內，陰刻於大塊平整石面上，其中三幅圖形難辨，另三幅刻在天然岩洞中，保存尚好。

岩畫圖案密集而複雜，包括有船、波浪、龍蛇、舞蹈的人等，為南越古先民的生活寫照或圖騰崇拜。其中，出土的 100 多件石網墜及重達 18.5 公斤的石鐴，可反映環珠江口史前居民漁業生產的特徵。

寶鏡石岩畫

在寶鏡灣岸邊有一塊孤立的石頭，呈三角形斜面，底長 2.7 米，高 1.1 米，右邊上刻有一個直徑 0.4 米圓圈，圓圈內又有半月形弧線，並有兩個圓點及短線，左邊鑿刻波浪與浮雲般線條。因形似一面古鏡，故民間稱為寶鏡石。該石現已毀壞。

藏寶洞岩畫

藏寶洞在寶鏡灣北側風猛鷹山半山腰處，由兩巨石相夾形成一洞，其東西兩壁均有刻畫，為最大最完整的一幅。東壁岩畫長約 5 米，高約 2.9 米，畫幅巨大，由十多組圖案組成寬闊畫面，線條繁複，鑿刻出船形、人物、龍蛇、鳥、鹿、雲雷紋、波浪紋等內容；左側有一幅小型岩畫，長 0.6 米，高 0.35 米，刻有一個冠形圖案。西壁岩畫長約 4.5 米，高約 1.5 米，風格與東壁岩畫相近，因風化剝蝕，線條斑駁，致圖形難辨。

藏寶洞東壁岩畫

藏寶洞西壁岩畫

葫蘆石岩畫

葫蘆石岩畫位於珠海市平沙區衛東分場連灣山山腰處西北斜坡上，因該處山嘴有一岩石，形似葫蘆，故稱。石面平斜向北，約 50 平方米。石上鑿刻有三組圖案：第一組橫 0.9 米，高 0.65 米，刻一葫蘆形圖案；第二組橫 1.6 米，高 0.75 米，刻數波浪紋；第三組橫 1.2 米，高 0.8 米，刻一對連環形螺旋紋。每組圖案旁邊皆鑿有一小洞。其中第三組連環形螺旋紋，與附近遺址出土的先秦陶器上的雲雷紋飾相似，學者認為，此為青銅時代古越族先民出海之前、祭海時所創作的印記岩畫。

寶鏡灣岩畫的價值

寶鏡灣岩畫圖案密集而複雜，內容有鳥、獸、鹿、蛇、魚、水、雲等花紋圖案，還有眾多男女人物畫像，或臥或立，或奔跑或有巫師舞蹈，有以大船為中心而組成的史前先民生活情景，以及先民居住的干欄式房屋，對研究南方沿海原始部落的祭祀活動、宗教信仰、圖騰崇拜、生活習俗及工藝美術活動，具有珍貴的史料價值。

岩畫附近的沙丘，以及山崗上採集到的新石器時代晚期的陶片、石斧、石錛、石網墜等石器，證明很早便有南越先民聚居其地，並在此活動。此岩畫為廣東僅見，與中國北方、西南的岩畫風格迥異，具有重要的歷史、藝術、科研及旅遊價值。1989 年被列為珠海市文物保護單位。

大坪石岩畫

大坪石岩畫位於寶鏡灣藏寶洞頂部南側，長 5 米，高 3.3 米，中心圖案似為兩條船形，船下刻有類似人物或動物圍繞着船奔走、跳躍的形象，所反映的內容，似與出海前為祈求平安而舉行的祭祀活動有關。目前，岩畫已嚴重風化，圖像難以辨認。其旁有天才石，約 30 平方米，石面上鑿刻有兩人形、一船形及三個符號，想為當時南越人生活狀況的反映。

大坪石岩畫

七星岩石洞古廟

七星岩位於肇慶市東北約四公里，由閬風岩（舊名石角）、屏風岩、石室岩（又名觀音岩、大岩、定山、貞屋山、高星山、崗台山、嵩台山）、天柱岩、蟾蜍岩、仙掌岩、阿坡岩（又名辟支岩）等七座石灰岩組成，羅列如北斗七星，因而得名（見清夏修恕《高要縣志》卷五〈山川略・山星岩〉）。

七星岩的東北面有地名石洞，今名敞天石洞，以該洞內有一石竅，昔能出米，故又名出米洞。據清夏修恕《高要縣志》卷五〈山川略・石洞〉載：「石洞在縣北十五里（按：清阮元《廣東通志》卷一百七〈山川略八・石洞〉亦作十五里，清馬呈圖《高要縣志》卷三〈地理篇三・石洞〉則作九里），岩穴幽邃，南北二門，上虛通天，與星岩相去不遠。西水泛漲，岩之沒者數丈，惟洞隆然屹立水中，世傳其洞能浮。洞門高十餘丈，西南向，棖楣天成，階下有一石如船，長二丈許，中口豁開，巨石覆其上若墜不墜。」觀此可見該洞的形勢環境。

洞內有一古廟，古名石洞神祠，今名石洞古廟。洞內古廟祀奉的神，為高要縣人周氏，據清阮元《廣東通志》卷一百四十九〈建置略二十五・石洞神祠〉引《七星岩志》謂：「石洞神周氏，高要人，唐貞觀初封貞正公，劉漢加王爵。宋初避禧廟諱，日秉正神，威德之顯，郡人建祠於洞中，去府城北十里，將軍嶺之東，七星岩之北。」此可見石洞神的崇祀，早於隋唐期間，為一地方性的神靈。

古廟石額「石洞古廟」，為清嘉慶二年（1797）時所上，門旁有清道光二十二年（1842）冬月梁以時所題書的對聯，云：「福地天開郡中名勝，奇峰人立神所憑依。」廟內右側有一石人，面北而坐，一手放膝上，掌上有一光滑小石穴，即古之出米洞。據故老相傳，小洞昔有白米流出，供守廟者用。其後，守廟者貪心，將洞口鑿大，自是再無白米流出。

廟外左麓石穴，名歇龍池，據清阮元《廣東通志》卷一百四十九〈建置略二十五・石洞神祠〉引《七星岩志》謂：「遇潦水漲溢，人跡罕至，狂風怒濤，則洞有龍歸，世傳謂神還宮，是歲即五穀熟，人厭鮮食。今洞有歇龍池是也。」此可見歇龍池得名由來，實因世傳龍神還宮，歸池安歇。

崖門奇石

崖門奇石，在崖門內，距全節廟約三里，施見三《新會名勝古蹟考略初稿》謂：「聚眾石所成，屹立水中，最高一巨石，突出海面二三丈。」前書又記：「在崖山外，距上奇石五里餘，聚千百石層疊而成，長數十步，石上千百孔，如蜂窩狀，每大風起，風入孔中，發出聲響，震耳欲聾，過者聞之心驚。東有小山，峙於石旁。」明新會舉人容朝望作〈奇石詩〉，形容該石：「波心之石生絕奇，凌空屹立勢如飛。」

據明萬曆《新會縣志》，南宋末年，張世傑指揮宋軍「結大舟千餘，作一字陣，碇海中，中艫外舳，貫以大索，四周起樓棚如城堞」。《崖山志》又載：「張公世傑用鐵索自崖山貫奇石而鎖之，以遏元師者也」。但最後宋軍大敗，丞相陸秀夫背負帝昺在奇石邊蹈海殉國。宋軍的連環船陣，即在這海中奇石上。

由於丞相陸秀夫背負帝昺殉節，奇石成為民族氣節的寄託。當年元將張弘範曾於奇石上刻「鎮國大將軍張弘範滅宋於此」十二大字，以自表其功。惟張氏本宋將，降元後助元滅宋，故為世人詬罵，視其為民族罪人。明成化時（1465-1487），廣東提學僉事趙瑤看了奇石刻字後，作〈登崖山觀奇石詩〉，云：「忍奪中華與外夷，乾坤回首重堪悲。鐫功奇石張宏範，不是胡兒是漢兒。」此詩刻石在全節廟。

明成化二十二年（1486），御史徐瑁憎惡紀功字，命人將之磨掉，欲改為「宋陸秀夫死於此」，陳獻章以其過於簡略，提議改書「宋丞相陸秀夫負帝沉於此石下」，惜徐瑁認為「臣不宜先君」，後因各人擬出的文字爭議很大而作罷。明嘉靖二十一年（1542），順德辭任知府趙善鳴提議刻「宋少帝陸丞相沉此石下」，惟最終亦未有刻成。

崖門奇石

明萬曆年間（1573-1620），相傳有譚氏三兄弟於奇石附近立村，因目睹這奇形巨石，遂取名奇石村。該村為自然村，今屬古井鎮奇樂村。至 1950 年代，該處建設軍港、疏浚航道時，奇形巨石被炸毀。1958 年 12 月，董必武視察崖門，於其〈遊崖門〉詩中，感嘆謂「漁村奇石已無碑」。1962 年田漢遊崖門後，揮寫「宋少帝與丞相陸秀夫殉國於此」十三個行草大字，刻在近岸的大石上，以代作奇石，供人景仰。石刻曾在「文革」時被鑿去，1979 年修復，今仍存。

鎮海樓

鎮海樓，原名望海樓，俗稱五層樓，位於廣東省廣州市越秀區越秀山小蟠龍崗上。明洪武十三年（1380），永嘉侯朱亮祖擴建廣州城，將宋時子城（中城）、東城、西城合併，開拓北城800餘丈，築起橫跨越秀山的城牆，並在其上建一座五層高樓，原名望海樓，後取雄鎮海疆之意，改稱鎮海樓。

鎮海樓於明成化年間（1465-1487）重修，不久燬於火災，明嘉靖二十六年（1547）重建完工；後清朝又毀於三藩之亂，清康熙二十六年（1687）重修；民國時期再為桂系軍閥所毀。1928年重修時，樓內木結構被改為鋼筋混凝土結構，明代舊磚石牆壁則基本保留。

鎮海樓坐北朝南，呈長方形，樓高28米，闊31米，深16米。下兩層圍牆用紅砂岩條石砌築，其餘層則為青磚牆，底層牆厚 3.86 米，以上逐層遞減，總體呈長方體狀。歇山頂，複檐五層，綠琉璃瓦覆蓋，飾有石灣彩釉鰲魚花脊。樓頂正面懸掛「鎮海樓」橫匾，兩旁懸掛一副對聯：「千萬劫，危樓尚存，問誰摘斗摩霄，目空今古；五百年，故侯安在，使我倚欄看劍，淚灑英雄。」

該樓是廣州地標，於清代被列為羊城八景之一，今有五嶺以南第一樓及嶺南第一勝覽的稱譽。1929 年，鎮海樓被闢為廣州市立博物院院址，1950 年改名廣州博物館。1989 年被列為廣東省文物保護單位；2013 年被列為第七批全國重點文物保護單位。樓內常設「廣州歷史陳列」展覽，展示廣州數千年來的文化、風俗和城市發展歷程。

鎮海樓西側陳列有 12 門古炮，包括明朝崇禎年間（1628-1644）以至清朝中葉鴉片戰爭時鑄造的防衛大炮。樓前碑廊有歷代碑刻。〈鎮海樓記碑〉在樓前西側，高 2.43 米，寬 1.34 米，明嘉靖二十六年（1547）十一月立，時任兵部右侍郎兼都察院左僉都御史張岳撰，為現存最早記載鎮海樓沿革的石碑。〈重修鎮海樓碑〉在樓西側，高 2.5 米，寬 1.04 米，1928 年 12 月再度重修鎮海樓時立，順德黃節撰文並書寫。

東莞卻金亭

卻金亭所紀念者，是一地官員卻金守廉的事跡，東莞、杭州、溫州、阜寧等地皆曾有卻金亭。東莞卻金亭位於廣東省東莞市莞城街道北門外光明路、教場街街口，內有卻金亭碑。

明嘉靖年間（1522-1566），廣州東莞已為重要的對外貿易港口之一，當時廣東一帶有些地方對外通商秩序混亂，賄賂和亂罰問題嚴重，甚至還有對外商拉差、勞役的現象。嘉靖十七年（1538），番禺縣令李愷受命前往東莞，檢查外貿，處理暹羅（今泰國）外地商船來華事宜。其時，暹羅商人柰治鴉看帶着本國國王的文書引信及貨物來到東莞港，要求進行通商貿易。對外貿易事務時由李愷主持，他認為原有檢查進出口貨物的制度繁冗，需簡化管理，以簡便手續，決定「更制設規」加以改革，因而令暹羅商人只需自報貨物數量進行檢驗，檢查時「不封船，不抽盤」、「嚴禁人役，毋得騷擾」，此既合規範，又不刁難的做法，深深地感動了暹羅商人，柰治鴉看聚集暹羅商人商議，籌集得金百兩，以報答李愷。李愷堅辭不受。柰治鴉看無法將銀子退回外商，遂到廣州，「相率壯其事於十竹王子（按：指巡按王十竹）」，懇請批准，於嘉靖二十年（1541），在東莞城碼頭附近演武場之南，建卻金坊，並立卻金匾，以表彰李愷廉政的美德。

明嘉靖二十年（1541），東莞縣丞李椙認為李愷拒收重金之事，立德立公，應予讚揚，遂請王希文撰文，豎立「卻金坊記碑」。碑長 1.57 米，寬 0.74 米，大理石質，弧首方座，四周刻雲海紋，碑額有篆書「卻金坊記」四字。碑文用楷體，字體工整，鐫刻精緻。現藏東莞市博物館。惟〈卻金坊記〉碑文，對卻金一事敘述欠詳，對立碑頌揚該事的原由，亦着墨太少。碑文如下：

皇明御宇，萬邦攸同，重譯頌聖，島夷獻賓。然來之不拒，則偽者日趨，遂窺壟斷。爰有榷徵，舶志量衡，易官互詰，課三之一，餘許貿遷。叢委兌交，供億頓煩，利害均焉。嘉靖戊戌（按：1588 年），惠安李抑齋公前宰番禺，俯臨稽舶，譯究夷狀，察其費浩獲微，而吾之得不償失，咸匪永圖。乃更制設規，聽其自核，敢有詐匿者抵法。甫旬日而竣事，又旬日而化居，犬羊有知，從臾忻戴，且致私覿，以圖報稱。公麾之曰：「彼誠夷哉，吾儒有席上之聘，大夫無境外之交，王人恥邊氓之德，茲奚其至我？」夷酋柰治鴉看者再懇，再卻，乃以百金偕其使柰巴的叩之蕃司，欲崇坊以樹觀。侍御王十竹公判謂：「忠信可行於蠻貊，而良心之在諸夷，未嘗泯也。」遂不遏其請，行邑置篆，呂瓊判中山君議於瀕衢，刻日鼎建，翬飛鱉奠，過者崇瞻，咸謂：「公能垂不報之德，成不朽之功，而速化不可化之人，其何道也？」時公膺召入銓部，亦罔攸聞。既而邑丞祁門李君楣至，首訪殊典，久未鐫勒，謂文：「昔叨掖垣，曾疏抑番舶，宜知顛詳，屬言以昭厥垂。」文再拜，遜且揆曰：「夷貢唯常平法，唯公官廉，唯職彰善樹風，唯權德之兼，岩谷其曷能云？況李公政澤流溢，鄰封卻金，先聲讋騰，荒徼侏儒能言道，口且碑，奚文之贅？無已，其崇體之說乎？」夫國之體，紀綱也；政之體，本末也；士之體，廉節也；上下之體，名器也。四體立而萬事理矣。自漢武開邊，夷貢始入中國，唐監以帥臣，開元波斯淫巧已極，王處休所謂「資忠履信，貽厥將來」，其確論乎。開寶杭明，崇寧綱運，泉貨泄之外境，患滋甚焉。我聖祖監般，著為厲禁，雖諸番稱貢，先驗剖符，官給鈔易，而暹羅、爪哇實則蠲之。法久弊萌，律愈嚴，而奸愈巧，間或閉或通，閉則隘懸，通則失體，夫名以貢來，而實以私附，不責其非專，而且資之貿易，得其物不足以菽粟，而吾民且膏血焉。業已封舶，而中易其人夫，既任之而復疑之，非可使聞於夷邦也。縉紳名流，猥與衡石而鞭算之，不亦卑乎？異哉李公立法，計其大而略其微，菽其本而抑其末，尊復制典，一舉而五善集焉。故不拒其來，以示廣也；令其自核，以導忠也；不再稽疑，以懷信也；卻而不屑，以示威也；惠之不費，治之以不治也。澤廣則華尊，納忠則夷順，孚信則遠柔，威崇則紀立，治而置之則名正體定而法行，識者於茲一端，已佔其為台輔器矣。惟王仁無外，宰相則論道以弘其仁，銓部則為天下得人以行其仁者也。李公小試其道，而化及夷邦，今茲天曹，又登庸俊良，俾宇內陰受其賜，階是而宰鈞持衡，則斡旋之速，又何如哉？若夫崇坊之舉，所以竣其防也，防夷以杜漸，防民以止趨，防姦以禁慝，使庶僚知所勸且儆焉。此則當道之公良，有司之職也。公奚與焉？又奚禦焉？余既為茲說，質之郡伯藩臬諸公，咸曰：「立德立公，紀言紀事，可以備野史矣。」乃登於石。

嘉靖二十年歲次辛丑秋七月東莞縣縣丞祁門李榍謹立

翌年，巡按廣東監察御史姚虞來粵視政時，感於李愷事，遂親自撰文，並在教場左建卻金亭，內置「卻金亭碑」。該碑立於明嘉靖二十一年（1542），乃為東莞知縣蔡存微立。碑呈長方形，高 184 厘米，闊 102 厘米，高 20 厘米，通身以青石製成，紅砂岩方形底座，質地堅硬。頂部呈圓弧形，雕有雲海湧日花紋作裝飾，中間用篆體刻有「卻金亭碑記」五字，碑額下刻〈卻金亭碑記〉碑文。全文以楷書寫就，分21縱行，每行50字，恰好寫滿，碑體四周刻有雲紋。內容為紀念明嘉靖年間（1522-1566）番禺縣尹李愷與暹羅商人貿易不受酬金一事，是中泰兩國人民友好往來的歷史見證。碑文如下：

姚子曰：余按南粵之境，蓋數聞卻金事，及歷東莞，又見卻金扁，於心實慕焉。駐馬遲回久之。蓋重感李子之政，良心之在諸夷未嘗泯也。李子以名進士，來尹番禺，番禺隸廣州，為附郭，居要衝，政務紛紜，李子奮然有作，興利剗弊，與民更始，一時區畫，無問劇易，罔不稱平。嘉靖戊戌歲（按：1538年），暹羅國人柰治鴉看等到港，有國王文引，自以貨物親附中國而求貿易，有司時而抽分之，是亦抑逐末以寬農征之意也。其來在昔，無論今日。但抽分之委，世所染指，人之得委抽分也，往往以賄賂而速官謗，則又妄益番人之稅，以掩其跡，何取哉。惟時李子承委是事，乃言曰：有司之待夷厚矣，豈其使人肆貪婪以逞其淫而棄中國之體，必不然矣。愷之意也，不封舶，不抽盤，責令自報其數而驗之，無額取，嚴禁人役，毋得騷擾。條其議於撫按，且圖定式。既報可，李子乃不封舶，不抽盤，責令其自報其數而驗之，無額取人役，不騷擾，且重金之卻也。君子曰：「仁人之言，其利博哉！」李子一言而華夷胥感，夫天覆地載，莫不盡其美，致其用。故澤人足乎魚，農夫不斬削，不陶冶而足器械，工商不菑畬而足菽粟。貿易通，則貨財殖；貨財殖，則人民育；人民育，則德化弘。《易》曰：「中孚豚魚吉。」李子是役也，夷人思報莫得，相率狀其事於十竹王子，願捐百金，謀亭之於東莞，將以順夷情而彰公道。王子重韙之，檄有司者聽其義舉，乃於邑演武場之南，樹坊立扁，題曰「卻金」，足稱休光矣，然未有碑也。歲壬寅（按：1542 年），知縣蔡存微謂：「扁以旌廉，盛事也，不有碑文，吾懼其偎焉圮也。於是以其狀請姚子，紀其事以貽不朽。嗟乎！余何可拒而沒李子之賢哉？李子今徵入為天官尚書郎，勳業駸駸焉未艾也，此奚足以盡之邪？雖然，天下者，一邑之積也；一邑者，天下之推也，政有大小，而道無二致，倘臻其極，則此舉權輿之也，豈唯李子哉？維彼碑亭，起瞻壯睹，望之巋如，枚枚渠渠，賢者過之詢之足以興，不肖者聞之則有泚顙而赧面者也。噫！蔡令用意亦可嘉已。李子名愷，字克諧，別號抑齋，福建惠安人。

大明嘉靖二十一年壬寅十一月冬至吉日

東莞縣知縣蔡存微謹立

明萬曆二十四年（1596），廣東監察御史劉會重修卻金亭及卻金亭碑，並在碑文後刻上「賜進士第文林郎、巡按廣東、監察御史、閩惠安劉會重修，東莞知縣侯官李文奎督修」，以為紀錄。

卻金亭在 1960 年代已破敗無存，1997 年由東莞市政府重建。2002 年，卻金亭碑被列為廣東省省級文物保護單位；2006 年，被國務院批准列為全國重點文物保護單位。同年底，莞城文化部門為加強對卻金亭碑的保護，在卻金亭碑上修建了一個木石結構的仿古亭子。

兩碑所表揚的李愷，字克諧，號抑齋，福建惠安縣螺城鎮西北街人，明弘治十年（1497）十月初四生。治《詩經》，由國子生中式福建鄉試第 2 名舉人，會試中式第 12 名。36 歲時中式明嘉靖十一年（1532）壬辰科第三甲第 61 名進士。工部觀政，初授嘉善知縣，丁憂歸。起任廣東番禺縣知縣，歷任吏部主事，升吏部員外郎、稽勳司郎中。嘉靖二十二年（1543）調兵部車駕司郎中，升湖廣按察副使，兵備辰沅。嘉靖二十六年（1547）正月考察免職，辭官回鄉。卒於明萬曆十年（1582），享壽 82 歲。惠安縣人感其恩德，為其立保障亭，樹功德碑，崇祀鄉賢祠。

李愷墓位於惠安縣安固東側（今塗寨鎮岩峰村西新自然村）獅山、岩古禪寺附近。墓依山而建，坐西北朝東南，面積 200 多平方米。墓區建有三級墓埕，一級墓埕為主墓區，呈風字型，墓碑及構件較新，應為新修。墓碑上刻：「明進士吏部稽勳主事湖廣按察司副使天官大夫李愷公洎配恭人吳氏墓」，從碑刻可見，此墓為李愷與夫人吳氏的合塋墓。二、三級墓埕分別放置石將軍、石馬、石虎、石羊各一對。其中石馬、石虎風化古樸，應為明代舊件，而石將軍、石羊石色較新，應是重修墓葬時增補。宰相李廷機親題墓志銘。

大元帥府舊址

大元帥府舊址，位於廣東省廣州市海珠區紡織路東沙街 18 號，原址前身為廣東河南士敏土（水泥，cement 的音譯）廠。清光緒三十一年（1905），兩廣總督岑春煊引入德國克虜伯機械設備，籌建士敏土廠。三十三年（1907），由兩廣總督周馥及其隨員劉麟瑞主管興建，三十五年（1909）落成啟用。該廠為中國當時第二大士敏土廠，產量僅次於天津開平士敏土廠。大樓由澳洲人 Purnell 和 Paget 設計，主體大樓有南北二幢，中間有架空走廊相連，均為三層高的意大利式房屋，灰脊瓦面雙坡頂，每層均有券拱式涼廊。

1917 年 7 月，段祺瑞在張勳復辟後，計劃再造共和，廢除在 1913 年所選出的國會。孫中山發起護法運動，率領部分海軍南下廣州，徵用該士敏土廠作大元帥府，召開國會非常會議。

1918 年 5 月，因被盤踞廣州的桂系軍閥破壞及干擾，護法運動失敗。孫中山辭去海陸軍大元帥後，離開廣州。1920 年，粵系軍閥將領陳炯明擊敗盤踞在廣州的舊桂系、滇系軍閥後，孫中山重回廣州，取消軍政府，並於 1923 年 3 月，重於士敏土廠建立陸海軍大元帥府。其後平定沈鴻英叛亂及東江叛亂，並改組中國國民黨。

1925 年 3 月 12 日，孫中山逝世。同年 7 月，國民政府於廣州正式成立，陸海軍大元帥府被改建為國父文化教育館兩廣分館及國父紀念館。1949 年解放軍攻佔廣州後，該處先後成為解放軍部隊及廣東省人民政府相關部門的辦公用樓。1964-1998 年間，該處被廣東省農業機械供應公司作為辦公、住宿用樓，並在保護範圍內興建三棟居民宿舍樓。

1981 年，中國人民政治協商會議廣東省廣州市委員會第五屆第一次會議中首次出現提案，要求盡早維修大元帥府舊址。1983 年 8 月，大元帥府舊址被廣州市人民政府列為廣州市第二批重點文物保護單位。1984 年，中國人民政治協商會議廣東省廣州市委員會第六屆第二次會議中再次提出盡早維修該址提案。1989 年 6 月，大元帥府舊址被列為廣東省重點文物保護單位。1992 年，廣東省農業機械供應公司獲准搬遷。1996 年 11 月，大元帥府舊址被國務院列為全國重點文物保護單位。

1998 年 10 月，廣州市人民政府接收大元帥府舊址，並開始籌建孫中山大元帥府紀念館。1999-2000 年間開始整修北樓及南樓，並復建大元帥府門樓。2001 年 7 月，南樓整修完畢，並舉行「百年帥府」復原陳列展覽，紀念館首次對外開放。同年底，北樓整修完畢，並舉行「孫中山三次在廣州建立政權」史料陳列展覽，實現第二期開放。2002 年，舊址大門樓復原工程完成。2006 年 5 月 1 日，孫中山大元帥府紀念館正式對外開放。2010 年 8 月，廣州市人民政府為迎接亞運會，清拆了大元帥府周圍的危樓，以及大門前的江灣橋引橋，新建大元帥府廣場，並對紀念館進行修整和維護。同年 10 月 20 日，大元帥府重新開放。2012 年，廣州市規劃部門於大元帥府附近闢建孫中山紀念場館，作為大元帥府的配套陳列場地。

紀念館佔地 8,020 平方米，由南、北主體大樓，東、西廣場，以及大門樓組成。現存大元帥府建立前廣東士敏土廠的花崗岩門樓，長 3.85 米、寬 0.94 米、厚 0.13 米。門額上刻有「廣東士敏土廠」字樣，旁有「光緒丁未冬月」年款。南北大樓以磚、木、石、鋼、混凝土建成。屬三層劵拱式西式風格建築，混入部分如節竹式排水管、百葉門窗、花瓶式護欄及騎樓等嶺南建築風格。

※ 民生篇

CHAPTER 06

自梳女、媽姐、順德冰玉堂

自梳女

自梳女俗稱姑婆，即不嫁的女性。據《順德縣志》記載，順德自梳女出現於清末，而盛於民初。時珠三角一帶地區的未婚女子，大多留着一條長辮子，掛在身後，直至結婚時，便由其母親或長輩，將其長辮子挽成一團髮髻，緊貼在頭後。那些把頭髮像已婚婦一樣自行盤起，以示終生不嫁、獨身終老的女性，即是自梳女。

清末，南方順德地區蠶絲業發展，絲綢工業發達，其中的繅絲工序，即待蠶蟲成熟結繭吞絲後，在熱水抽出絲線，絲線不可用剪刀剪斷，須用細心靈巧、牙齒整齊的牙齒咬斷，為珠江三角洲地區的女性提供獨立謀生的機會。當時，順德蠶絲業發達，絲廠規模很大，有些需要數百名女工，這批女工不但可養活自己，更是家庭重要的收入來源。

珠江三角洲地區的女性，有了獨立經濟來源後，不再是家庭中的累贅，反而變身為重要的經濟支柱。許多女工收入可觀，經濟獨立，她們不受經濟問題所約束，其娘家亦因此產生不願她們出嫁的念頭。同時，愈來愈多年輕女性選擇自梳不嫁，主要是源於對婚姻的不信任：從已婚女性口中，聽到婚後的慘況；或看到一些姊妹出嫁後，生活上的不自由，包括需照顧男家所有人的起居、向長輩斟茶遞水叩頭問安等，而且經常受翁姑之氣，甚至虐待，廣東民謠即有云：「雞公仔，尾彎彎，做人新抱（按：即媳婦）甚艱難⋯⋯」。有些女性不想在盲婚啞嫁的婚姻制度下，失去選擇夫婿的權利，不想只是奉父母之名，便跟一個素未謀面且有權娶三妻四妾的丈夫共度一生。凡此種種，都令其時有一定經濟能力、不甘受封建禮法壓迫、選擇獨身的女性有自梳的念頭。

另外，舊時有依照長幼次序婚嫁的習俗，「兄姐未能嫁娶，致誤弟妹婚期者為阻頭，阻頭不便，跨頭不祥」。長女沒有婚配對象，依然梳起髻，就算破了阻頭、跨頭的禁忌。這些古老陳舊的習俗，導致廣東繅絲業最盛的順德，一時自梳成風。台山、開平、新會、三水、清遠等地區，自梳還只是個別現象，但肇慶、西樵及均安的自梳女，則逐漸形成規模。

自梳的女性，會通過特定的儀式，選定良辰吉日，由親人或好友協助自己將辮子挽成髮髻，以示自己願意終生不嫁，俗稱梳起。在儀式上，自梳女會唱一首歌謠，歌詞謂：「一梳福，二梳壽，三梳自在，四梳清白，五梳堅心，六梳金蘭姐妹相愛，七梳大吉大利，八梳無災無難。」

基於其時封建思想的壓力，自梳女為了身後的牌位，有人能進奉香火，會做一些儀式上的門面功夫，如買門口、買清守、不落家。所謂「買門口」，就是出錢替男家買小妾，代替履行妻子責任；婚禮過後，買門口者便可返回娘家，直至死後，靈位便安放在男家，讓後人供奉。所謂「買清守」，即是一個在生的女子，與一個已死去的男子進行冥婚，做其名義上的妻子，她會為已死去的丈夫「買水」及守孝，如同寡婦一樣，但不必履行任何妻子的責任。至於「不落家」，是新娘結婚後三天便回到娘家居住，那三天裏沒有洞房儀式，不落家者待農務時才回去幫助丈夫，一旦懷孕才正式落家；這樣，自梳女去世後，就可葬在夫家祖墳中，接受夫家祭拜。

當時的社會雖然允許女性自梳，但對其有着非常嚴格的限制。女人一旦自梳，就必須潔身自好，不得與男人發生瓜葛，違反者會被視為傷風敗俗，為鄉親姊妹們所不容，遭到恥笑及排斥，嚴重者還會遭毒打，甚至被裝入豬籠中溺斃。傳統也認為不出嫁的女性，會為家庭帶來不幸，那時人們迷信地認為，未婚的處女，死後會淪為孤魂野鬼。因此，自梳女不能死在父母或親戚家中，也不准由親人收屍下葬，只能由自梳的姊妹，放上門板，鋪上草席，倉促埋葬。

自梳女們不居住在父母家中，她們聚在一起生活，有共同住處，這住處被稱為姑婆屋。該處出入要求非常嚴格，即使其父母兄弟亦不能隨意進入。自梳女會收梳起不嫁的徒弟為養女，以為其晚年生活及遺產繼承作安排。

為彌補生活及情感上的缺失，自梳女可以選擇迥異於傳統家庭模式的社會關係——金蘭契。兩個女性在互相情願下一起居住，並須承擔對彼此的忠誠。據《中華全國風俗志》記載：「粵省業絲，以順德為盛。其廠內紡蠶繅絲，全用女工，其數常至數百人。女工之感情遂日洽，故有擇其平日素相得之一人，結為金蘭之契，其數僅為二，情同伉儷。」

媽姐

媽姐（讀作「馬姐」），在順德方言中，即自梳女的意思，是指來自順德、有自梳女身份的女傭，多身穿白衣（白色大襟衫）黑褲（黑色香雲紗，即黑膠綢到腳眼長的吊腳褲）。另有一個別稱叫「土鯪魚」，因為土鯪魚不會大肚且外型優美；亦有說因媽姐的長辮像土鯪魚身上的黑線；或以土鯪魚一條身，暗指媽姐獨身。昔日大多媽姐都是順德人，當地有一名菜叫煎釀土鯪魚，遂亦以該菜式借喻媽姐。

1930 年代，順德區絲綢業式微，一向以繅絲為業、自食其力的自梳女，習慣了經濟上和思想上獨立，為維持生計，於是另覓新工作，紛紛往中國香港、澳門和南洋（馬來西亞、新加坡）等地當女傭，打住家工以維持生計，人稱媽姐。部分媽姐在香港安頓好後，會介紹其他姊妹到來打工。有時數名媽姐集結為社，稱姑婆屋，新加入的都要通過自梳儀式，紮起一條大鬆辮，以示終身不嫁。值得一提的是，並非所有媽姐都是順德自梳女，不過她們佔極大比例卻是事實。

順德自梳女在南洋謀生，可概括為兩大原因：一是經濟問題，由於 1930 年代順德絲業衰落，在本地難以維持生計，順德自梳女聽說到南洋打工月薪可達數十元，遂結伴經香港乘船前往；二是婚姻問題，少女到婚嫁年齡既不出嫁也不梳起，則難逃迫婚厄運，許多少女在南洋打工多年，沒有談婚論嫁，實際上也成為了自梳女。她們在南洋大部分都是當家庭女傭，帶小孩、做家務，月入不多，仰人鼻息，只要有一點點積蓄，都匯往家中幫補家用。人到老年，精力已衰，有的被辭退，有的連回鄉的旅費也湊不夠，能夠「少小離家老大回」的實在不多。

其時的家傭一般可分為：近身，即侍女，是最高級的一類，薪金亦最高，指定專門服侍某個主人（通常是女主人，例如某一位元配或姨太太），當中有一些是由她們自己帶來男家的；湊仔，即褓姆，負責照顧幼小的主人；煮飯，即家廚；打雜，即雜務；「一腳踢」，是最低級的一種，甚麼工作都要做，工作量最大，薪水最低，多是新人；「住年妹」，是媽姐的預備班，即十多歲、毫無當媽姐經驗的少女，一般是媽姐的女兒或親友，通常只供住宿及三餐膳食，大多數當年幼少爺、小姐的近身，逐步學習媽姐的日常工作，獲得主人認可後才正式當上媽姐。

辛亥革命後，主張男女平權，反對家奴（從僕）制度，很多媽姐返回家鄉，自梳習俗亦隨時代消失。1960 年代開始，香港工業化和外籍傭工的輸入，使媽姐行業開始衰落。本港工業化製造大量就業機會，女工在製衣和電子業中更是中堅分子，她們寧做工廠女工也不願再打住家工受氣。亦有因為種種關係離開僱主，而又不願意返回順德，於是集結一起組織齋堂，現在荃灣的芙蓉山及大嶼山羗山東南的觀音山，都曾有過齋堂。

順德冰玉堂

冰玉堂，寓意冰清玉潔之意，坐落在順德均安鎮沙頭管理區的鶴嶺山麓，又稱鶴嶺靜安舍，是新加坡順德均安沙頭同鄉會籌建的華僑姐妹安老院為媽姐們組織的齋堂。

1940 年代，均安沙頭在南洋謀生的自梳女成立了同鄉會。她們大都懷念故鄉，希望能葉落歸根，榮歸故里，與親人同住，於是便倡議在家鄉建一間專供自梳女入住的安老院。安老院於 1951 年落成，取名冰玉堂。該堂建成後，凡該鄉旅外姊妹、回家鄉而無依託者，均可免住宿費入住。1970 年代，自梳女回鄉者漸多；1978 年，入住最高峰時，曾多達 30 餘人。1990 年代末，冰玉堂已無人居住。2012 年 12 月，冰玉堂獲改裝為自梳女博物館，免費對外開放。

該院舍樓高兩層，面積約為 500 平方米，佔地近兩畝。大門門楣白石上刻有金字「鶴嶺靜安舍」。院分兩進，兩邊廊舍，左右閣樓。地下原為自梳女聚會及自梳女神位擺放之地，現分左、中、右三座，中座供奉自梳女信奉的觀音，左、右安放已故自梳女的靈位，樓上是木做的閣樓，是自梳女的臥室，如今陳列着當年自梳女的手工作品、飾品、證書等物件。

順德絲織業

順德西南部的龍江、龍山一帶早已有人植桑養蠶，以獲蠶繭，抽取蠶絲，再織造服裝。宋徽宗年間（1100-1126），順德已出現織土綢的機戶及機坊。明永樂四年（1406），龍江、龍山墟市土絲成交量達兩噸以上。

明嘉靖元年（1522），朝廷關閉福建泉州及浙江寧波兩港，東南沿海的貿易集中在廣州港口。其時，外商重點採購生絲及絲綢等貨物，廣州遂成為海上絲綢之路的起點，刺激了廣州城附近蠶桑及絲綢業的發展。著名的絲織品，有玉階、柳葉及線綢，並被列為廣東的貢品。順德地區因其縱橫交錯的水道可直通廣州城，成為海上絲綢之路的重要貨源地。

清乾隆二十四年（1759），政府關閉福建漳州、浙江定海、江蘇雲台山等對外貿易商港，廣州成為全國唯一的對外通商口岸。乾嘉年間（1736-1820），以順德為中心，珠江三角洲掀起第一次「棄田築塘，廢稻栽桑」的熱潮。順德縣的繅絲業隨之發展，手車繅絲，成為發達家庭的手工業。此時，廣東最大的蠶繭市場在順德，最大的絲綢市場則集中在廣州。龍山一地的蠶絲交易很活躍。

19世紀末至20世紀初，廣東順德、南海等蠶桑主產區，開始普及使用機器繅絲，使整個生絲質量得到提高，並增強了廣東在海外絲綢市場的競爭力。其時，由於國內外形勢的影響，廣東桑蠶絲綢業進入發展鼎盛期。據《廣東省志・絲綢志》，廣東出口絲綢產品的產地分佈情況是：「土絲一項，全省每年約出四千萬，順德四之二，番（按：番禺）、香（按：香山）、新（按：新會）佔其一，縣屬（按：南海）佔其一」。

1930年代以前，順德絲織業非常發達，根據官方統計，1923年，廣東省全省有絲廠168家，其中順德就佔135家。當時，順德乃至全省的絲織業重心在容奇及桂洲，最繁盛時，僅該兩地就有絲廠30多家。其中以永昌、頌維亨及粵經之錨嘜最為著名，業界稱之為「永頌錨」。1929年，因經營環境惡劣，順德絲廠減至99家。其後，頌維亨、頌維坤、永昌、粵經等四家最著名的絲廠陸續停工。到1932年，僅餘39家，翌年回升至50家。直到現在，順德依然存有屈指可數的絲織廠。

順德香雲紗

香雲紗俗稱莨綢、雲紗，黑色的也稱黑膠綢，是一種紗綢製品，穿起來會發出沙沙的響聲，故稱響雲紗，後變音為香雲紗。

香雲紗是經薯蕷科的薯莨汁液泡過的小提花綢，與廣東順德、南海、三水、佛山等地特有的未被污染過的河泥（俗稱過河泥）發生化學作用的產物。薯莨汁液的主要成分為易於氧化變性產生凝固作用的多酚和鞣質，在與過河泥的高價鐵離子發生化學反應後，會產生黑色沉澱物，凝結在綢緞的表面。香雲紗正面黑色，反面黃褐色。

南人以薯莨染皮製靴，北宋的沈括早已在《夢溪筆談》中有所記載。明永樂年間（1403-1424），順德開始生產及出口香雲紗。清同治年間（1862-1874），南海西樵開始將平紋絲織物用於曬莨，其產品稱之為莨綢。過去有一個傳統習俗，富人買回香雲紗服飾，先給傭人穿，待其穿一段時間後自己才穿。這是緣於香雲紗本身的材料和生產方法，致使新的香雲紗服裝纖維比較粗，穿起來不舒服，須穿過一段時間才會變得柔軟。

傳統的香雲紗曬莨染整工藝完全是手工操作的，香雲紗的一個完整染製周期需要 15 天，如遇上下雨天還得延長，加上後期處理，約需要三個月到半年時間。精練後的白坯綢要經過浸莨汁、曬場曬莨、封莨汁、煮綢、過塘泥等繁瑣複雜的工序，每個過程的操作都十分講究，特別是在染料濃度的比例分配上，完全依靠經驗，而且需要隨時調整。事實上，莨綢獨特的色澤、質感主要來源於其特殊而且非常複雜的染整加工工藝。

香雲紗的生產嚴重受限於原產地的特殊成分河泥，以在生產過程中完成化學反應。民國時期，南海縣生產出經線組織為絞紗，俗稱白坯紗的新產品。1922-1925 年間，廣東的絲綢業進入鼎盛時期，順德地區有曬莨工場 500 多個，產品遠銷歐美、東南亞等地。

香雲紗製作的衣物質感好，夏天穿起來特別涼快，因此是 1930 年代北京、上海的上流社會人士的時尚服飾，在海外華人圈子裏也相當流行。建國後，順德的倫教、容奇、勒流、陳村，南海的鹽步、西樵，以及佛山地區，仍有出產香雲紗製品。1990 年代，一個來自日本的紡織業工程師曾到順德學習香雲紗生產技術，企圖移植日本，後無功而還。隨着化纖棉織物的盛行，技術複雜的香雲紗產銷量逐年下降。至 2006 年，香雲紗主要被用於製作官方賀禮或當作公關場合上的禮服。

2010 年，順德成立香雲紗協會，將香雲紗產業的生產商組織起來。順德較出名的香雲紗生產廠有成藝曬莨廠和遠發曬莨廠；番禺也有生產廠，但都是由順德人投資興建，產品除了在中國大陸銷售，還銷往台灣、日本等地。

目前香雲紗以順德出產為主。香雲紗染整技藝是第二批中國國家級非物質文化遺產之一。2011 年，香雲紗在內的五個產品獲得國家「地理標誌產品」保護，規定香雲紗的產地範圍是廣東省佛山市順德區轄區行政區域，也就是說，在產地範圍外生產香雲紗屬侵權行為。

桑基魚塘

珠江三角洲地區的桑基魚塘，是塘中養魚、塘基種桑的一種綜合養魚方式。為充分利用土地，而將水網窪地挖深，成為池塘，挖出的泥會在水塘四周堆成高基，基上種桑樹，塘中養魚，桑葉則用來養蠶，蠶的排泄物用以餵魚，魚的排泄物沉於塘底，魚糞肥泥，成為營養豐富的腐植質塘泥，而魚塘中的淤泥又可用以為桑樹及其他經濟樹的肥料。在這個系統裏，蠶絲為中間產品，鮮魚才是終級產品，提供人們食用。諺語云：「桑茂、蠶壯、魚肥大，塘肥、基好、蠶繭多」，充分說明在桑基魚塘循環生產的過程中，各環節之間的聯繫。

桑園圍的修建

唐宋間，北方連年戰亂，中原人口持續南遷，部分珠璣巷移民來到珠三角流域，他們帶來中原、江南農耕水利生產的豐富經驗。西樵山一帶自唐宋出現村落後，人們在山與山之間，依地勢而圍墾耕種，形成由高至低的桑園圍。桑園圍的修建，始於宋徽宗年間（1100-1126），地跨廣東省佛山市南海、順德兩區，開啟珠江三角洲大規模農業開發的歷史，桑園圍內的「桑基魚塘」應運而生。人們通過堤圍、河涌、竇閘灌排，開發窪地、河灘，改造成水塘養魚，塘邊植桑養蠶。這樣，蠶沙餵魚，塘泥肥桑，形成良性的生態循環。

桑基魚塘的濫觴

據史料記載，珠三角歷史上第一圈桑基魚塘，於明代首創於廣東佛山市南海西樵山及珠江三角州地區。明代中葉之前，西樵並沒有稍具規模的蠶桑業。其後，隨着西樵所在桑園圍的開發，逐步形成以魚稻輪流製作為主體的基塘農業。明末清初，隨着西樵的塘魚養殖業及蠶桑業迅速崛起，桑基魚塘農業漸見雛形。從清朝開始到 1920 年代末，廣東絲的出口，呈現蓬勃發展趨勢，令桑基魚塘的規模及範圍，得以突破原有格局，並逐漸形成以順德容奇、桂洲為中心的桑基魚塘區。

桑基魚塘發展的第一個高潮

清乾隆二十四年（1759），清廷封閉福建漳州、浙江定海、江蘇雲台山等對外貿易港口，廣州成為全國生絲唯一的對外輸出港口，外國商人集中廣州，來購買生絲及絲織品。粵絲對外銷路日廣，生絲及絲織品的需求大增，從而促進了蠶桑業的發展，也促進了珠江三角洲各地桑基魚塘的發展。三角洲西北部的南海縣九江鄉，順德縣龍山鄉、龍江鄉，高鶴縣坡山鄉（今古勞）一帶，構成一個廣闊的桑基魚塘區域，以南海九江為中心，掀起三角洲桑基魚塘發展的第一次高潮。

據清同治《桑園圍總志》載：「（按：1794 年）桑園一圍，地連兩邑，堡分十四，煙火萬家，東、西兩堤，長亙百餘里，貢賦五千有餘，為廣屬中基圍最大之區。」每逢大旱之年，周邊許多地方的農田無法適時耕作，「而圍民早已得水灌溉，翻犁播種，踴躍春耕」。順德人更形成了近千年開墾灘塗的傳統，東至今日廣州南沙，南至珠海大小橫琴的中心溝，以及北江、西江甩下的河灘地，桑園圍的南端，伸展至順德甘竹灘。

桑基魚塘發展的第二個高潮

鴉片戰爭以後，新式繅絲技術逐漸輸入。清同治五年（1866），南海陳啟沅引進國外繅絲技術，在南海縣簡村建立三角洲第一所現代繅絲廠。不久，順德大良北關建立擁有 500-600 名女工的怡和昌機器繅絲廠。此後，順德繅絲業逐漸取代南海縣而居三角洲首位。由於新式繅絲工業迅速發展，推動了蠶桑業的發展，桑基魚塘面積再次擴大，形成三角洲桑基魚塘發展的第二個高潮。

桑基魚塘發展的第三個高潮

20世紀初，第一次世界大戰後，由於歐洲各國忙於戰後經濟恢復，中國生絲暢銷於國際市場，促使本地蠶桑業更進一步的發展。三角洲到處都是桑基魚塘，區內各縣陸續增加新式絲廠，至1918年，已達147間，生絲出口每年大增。單順德一縣，已擁有三角洲絲廠及絲車的大半數；1920年代，佛山的桑基魚塘達100多萬畝，約佔三角洲桑基魚塘一半之數，推動三角洲桑基魚塘發展的第三次高潮。

隨着蠶桑、繅絲業的發展，三角洲各地的絲廠、絲市、桑市、蠶市及繭棧等遍佈於各蠶桑地區，以順德為中心。當時，主要繭市於順德有容奇、桂洲、勒流、龍江、樂從、陳村、大良、甘竹；南海有官山、吉利、平洲、九江；中山有小欖、古鎮；新會有北街；三水有西南；東莞有石龍。主要繭棧於順德有134家，其中桂洲有71家，容奇25家，勒流12家，陳村10家，大良8家，樂從6家，龍江2家；另南海官山5家，三水西南25家。

當時蠶桑價格很高，每擔（100市斤，50公斤）蠶桑的價值相當於一擔米，而每畝桑地每年可採桑七八造，價值約等於20擔米。1910年，南海每畝桑地產桑34擔。一造蠶桑的收入，已可養活三四口人家。蠶桑旺盛時，順德容奇鎮每日都有絲船運生絲出廣州，回程則載回白銀，故時有「一船生絲出，一船白銀歸」之說。1905-1906年間，廣東生絲輸出約值4,000多萬元，順德一縣佔四分之三。當時，廣州、佛山、順德等地設有匯兑錢莊 66 間，順德一縣便有 44 間，此可見當時順德人的富裕程度。

桑基魚塘的衰落

1929 年世界各國發生經濟危機，工商業凋零，市場停滯，絲織品銷路鋭減，生絲價格急跌，外銷量不斷下降。三角洲各地的桑基魚塘面積大大縮小，逐漸為蔗基魚塘所代替。建國初期，桑基魚塘雖仍有一定地位，但自市場經濟興起，由於蠶桑業相對花工多、生產周期長、風險大，產值不如社隊企業高，桑基魚塘面積遂進一步縮小。1980 年代，隨着農村實行家庭聯產責任承包制，集體經濟實力下降，桑基魚塘的循環耕作方式，不再適合個體家庭。近年，高經濟價值魚類市場的需求增加，農民紛紛捨基就塘，使得蠶絲產量下跌。1990 年代，珠三角經濟騰飛，城市迅速膨脹，桑基魚塘的農業模式逐漸退出歷史舞台。

東莞煙花炮竹業

東莞煙花炮竹業興起於明嘉靖四十二年（1563），至今已歷400多年歷史。明末清初期間，已有少量煙花炮竹夾帶在頭菜、水草、涼粉草中出口，遠銷至東南亞一帶。其後，清康乾間開放海禁，東莞的煙花炮竹外銷擴大到歐洲、美洲、澳洲、非洲等世界各地。東莞所產的炮竹，有茶炮、江炮、串炮及間子炮多種，至清光緒十三年（1887），出口金額達100多萬兩白銀。清陳伯陶《東莞縣志》載：「炮竹出邑城，大者名茶炮，次名江炮，小者以藥線連綴，名串炮，大小相間名間子炮，邑中工作凡萬餘人，製成銷售四遠及外洋，為工藝出產一大宗。」

1956年，全縣煙花炮竹業實行公私合營，東莞煙花炮竹廠於是年成立，產品恢復外貿出口，遠銷五大洲56個國家和地區。當年廠職工發展到1,000多人，另有廠外加工工人1,550多人，總產量達 29,600 箱，總值 131.74 萬元。翌年，東莞煙花炮竹廠把設在萬江、篁村的兩車間，下放給當地萬江公社及篁村公社，分別成立萬江炮竹廠及篁村炮竹廠。到 1966 年底，東莞共有煙花炮竹廠 11 家，職工 2,247 人，廠外加工者 6,810 人，年產值 1,762.49 萬元。

1970 年，取消計件工資及適當發放獎勵金制度。1977 年，府城煙花炮竹廠建成，初期為東莞煙花炮竹廠加工炮竹出口。1981 年，籌建東莞煙花炮竹廠實驗廠，於翌年投產。1984 年，東莞縣煙花炮竹工業公司成立。

1986 年，東莞市煙花炮竹廠獲加拿大蒙特利爾第二屆國際煙花比賽第一名。1987 年，該廠製作的「仙女牌」全紅長串禮炮被列入健力士世界紀錄大全；同年，為中國第六屆全運會承擔開幕、閉幕的煙花燃放表演。1989 年，成立總廠，下設東莞煙花炮竹一廠、二廠，以及東莞煙花炮竹製品廠。惜於 1990 年，東莞煙花炮竹二廠發生爆炸，從那時起，東莞市政府禁止煙花炮竹廠生產，東莞煙花自此衰落。

泮塘五秀

廣州泮塘古代泛指廣州城外龍津橋以西的大郊區，現指荔灣湖公園、泮塘路、南岸路、中山八路一帶，泮塘村泮塘五約一帶地區。唐代之前，該地原為一片汪洋；到唐朝時，由於珠江泥沙沖積而形成陸地。該處地勢低平，多為池塘、窪地，後人們在塘邊築基，基上栽種荔枝、龍眼，塘內種植蓮藕、菱角等。由於該地一半是池塘，故人們稱之為半塘，其後又因古時學宮稱為泮宮或泮水，入學宮讀書稱入泮；為圖吉祥，半塘就慢慢被改為泮塘。

泮塘與人口最密集的西關地區毗連，西關一帶的街巷污水都是流經泮塘的大河涌出海。基底肥充足，同時還有用不盡的糞溺有機肥源，故以種植蓮藕、馬蹄、菱角、茭筍、茨菇等五種水生植物著名，合稱泮塘五秀。據故老相傳，泮塘五秀原為鄰近龜西峰禪寺的寺僧，在寺前池塘所種植，號為五仙果，作為四時供奉佛前的蔬果品。某日，寺僧贈予泮塘村民這五種水生植物的種子，囑帶回種植。適遇大水，村內農作物多被淹死，惟該五種水生植物反而長得茂盛，村民自是以之為該村特產；以其烹煮之時，需下足油，否則鍋易生鏽，故稱泮塘五瘦。其後，有五秀才路經該地，以五瘦之名不美，遂改其名為五秀。

泮塘的蓮藕有白蓮藕、紅蓮藕、京塘蓮藕等多種，以肥大絲韌馳名，原產於印度，中國南北朝時已普遍種植。蓮藕微甜而脆，可生食，也可做菜；藥用價值甚高，其根、葉、花、果皆可滋補入藥，以之製成藕粉，能消滯止瀉、開胃清熱、滋補養性、預防內出血。

泮塘的馬蹄以水馬蹄為主，開白花，通常於立秋時種植，經 120 天便可收成。以其製作的泮塘馬蹄粉，曾大量遠銷南洋、北美。

菱角為一年生草本植物，花白色，果實紅紫色，多作蔬食，黑殼者肉色稍黃，多作菱粉。泮塘的菱角以紅菱為主，甘甜可口。紅菱從種植至初收僅需 130 多天。

茭筍又名茭白，多年水生草本植物，開紫紅色小花，果實稱菰米，又名雕胡米，是古代六穀之一。其嫩莖基部經某種菌寄生後，膨大似筍，即是茭筍，常作時令上菜。

泮塘的茨菇據云只有 300 多年歷史，白皮、白肉、頭大，開白色小花，含豐富蛋白質與碳水化合物等。廣人取其形狀意義，將之作為新年傳統菜，或以其製成中式糖果。

現時，隨着城市的建設和發展，泮塘一帶的土地已經成為城區，五秀僅在泮塘對岸大坦沙島的坦尾地區作少量種植。

檳榔

檳榔，可指其植株或嫩果，原產於馬來西亞，其名源於馬來語「**pinang**」，別名儐郎、賓門、螺果、仁頻、仁榔、洗瘴丹、仙瘴丹、台灣口香糖；台語叫「菁仔」，是指未加工的檳榔嫩果。檳榔與椰子同屬棕櫚科常綠喬木，主幹可長至兩公丈高，分佈區域涵蓋亞洲斯里蘭卡、泰國、印度等熱帶地區、東非及大洋洲。《廣東考古輯要》卷四載：「檳榔實如雞子，皆有殼，肉滿殼中，正色、味澀，得扶留葉與古賁灰合食之，則柔滑而美。」

檳榔的最早記載，見於東漢楊孚《異物志》：「檳榔，若筍竹生竿，種之精硬，引莖直上，不生枝葉，其狀若桂。其顛近上未五六尺間，洪洪腫起若瘣木焉。因坼裂，出若黍穗，無花而為實，大如桃李。又生棘針，重累其下，以禦衛其實。剖其上皮，煮其膚，熟而貫之，硬如乾棗。以扶留藤、古賁灰並食，下氣，宿食消穀。」

唐劉恂《嶺表錄異》記載更詳：「檳榔交廣生者，非舶上檳榔，皆大腹子也，彼中悉呼為檳榔。自嫩及老，采實啖之。以扶留藤、瓦屋灰同食之，以祛瘴癘。安南人自嫩及老采實啖之，以不婁藤兼之瓦屋子灰，競咀嚼之。自云交州地溫，不食此無以祛其瘴癘。廣州亦噉檳榔，然不甚於安南也。」

宋羅大經《鶴林玉露》中，更把檳榔的功效說得神乎其神，謂：「嶺南人以檳榔代茶，且謂可以禦瘴。……檳榔之功有四：一曰醒能使之醉，蓋每食之，則熏然頰赤，若飲酒然，蘇東坡所謂『紅潮登頰醉檳榔』者是也；二曰醉能使之醒，蓋酒後嚼之，則寬氣下痰，餘酲頓解；三曰飢能使之飽，蓋飢而食之，則充然氣盛若有飽意；四曰飽能使之飢，蓋食後食之，則飲食消化不至停積。」

檳榔為中國重要藥用植物之一，中國南方天氣潮濕，古為瘴癘之地，久有服用檳榔以抵禦寒冷、驅除濕熱的習俗，故清章傑〈瘴說〉謂：「嶺表之俗，多食檳榔，日至數十」。明李時珍《本草綱目》亦載：「檳榔，氣味苦辛，溫澀無毒。主治消穀、逐水、除痰癖、殺三蟲。」它能治腹脹，砍胸中氣，下水腫，通關節，利九竅，生肌肉，健脾調中，補五勞七傷等，且有驅蟲、消積、下氣、行水的藥用功效。

除了入藥外，亞洲許多地區，例如中國台灣、湖南、海南、廣西、四川，以及越南、菲律賓、馬來西亞、印度，均有嚼食檳榔的風俗。潮汕人有稱橄欖為檳榔者。正月拜年時，主人為客人端上零食盤，謂「請檳榔」，意謂讓客人吃盤中的橄欖。此或因為橄欖與檳榔同樣，可以清潔口腔，而又可登大雅之堂故。

檳榔不僅作為食物流傳下來，至今還衍生出了一系列的文化在延續。《南方草木狀》載：「廣交人，凡貴勝旅客，必先呈此果（按：指檳榔），若邂逅不設用，相嫌恨。」嶺南百果中，婚嫁聘禮，都離不開檳榔。它被作為賀禮或訂婚時的定禮，或者掛在床頭，與八京果同在安床（即在婚前挑選吉日佈置新房，以避邪祈福）日用，甚至在請帖中亦會放着檳榔。結婚時，賓客至，新婦必以檳榔代茶敬客。三朝回門，要送女家檳榔，過去是一擔4-12盒，名曰「酬檳榔」。過去在中南部地區，一般民眾習慣在喜慶宴會上，以檳榔饗客，以盡賓主之間的情誼。在三亞西島，結婚可以沒有酒，但不可以沒有檳榔。在台灣，檳榔也用於婚宴及宗教儀式等，或以為送禮、招待客人、情人定情信物之用。台灣人有嚼食檳榔的習俗，通常與荖花、荖葉、石灰一同食用。在訂婚的傳統禮俗中，檳榔為祭祀神明及祖先必備的禮品。

不只中國如此，東南亞不少國家的婚禮也常用上檳榔。在泰國，男方會將25顆檳榔果盛在銀製的大碗裏，在當地被稱為龕瑪花，作為彩禮贈送給女方。在馬來西亞，檳榔及婚俗的關係則體現在馬來語中，馬來語「pinang」（檳榔核）即是求婚的意思，「sireh」（檳榔葉）可用來表示已達適婚年齡的年輕女孩，而「Khan mak」（一盆檳榔核）則代表婚禮之意。

雖然檳榔味道甘甜，還多與浪漫故事相關，但不宜多食，因其容易造成中毒或致癌的風險。早在 2003 年，世界衛生組織就將檳榔認定為一級致癌物。又嚼食檳榔，會令口紅牙穢。嚼食後的殘渣，一般多吐街上，亦有礙衛生清潔。如今，其生產日漸減少，嚼食檳榔的風俗，在大部分地方已經消失。

軍話

軍話也稱軍聲，通行於廣東、浙江、海南等地的方言島，是明代初期衛所軍制的直接產物。明初，於全國設立衛所，將士來自不同地方，操不同方言，為了便於交流，朝廷提倡在軍隊中使用「通語」，相當於軍中的普通話，此即軍話的前身。但經過600多年的演變，各地軍話亦略有差別。

初時，因衛所城內的當地民家極少，居民主要是由各地召來屯守的軍人及其家屬，以及各地前來營商的商賈，且屯守的官兵為世襲制，使軍話得以鞏固、流傳，並與陸續遷進城裏的移民所說的方言相融合。軍話的語音基礎為明代廣義的北方方言（北京語），同時吸收了粵語（廣州話）、客家話、潮汕話（閩南話）三大方言的許多成分，互相融合，形成今天於各地流通的軍話。

明朝後期，衛所軍制遭到破壞，士兵大量逃亡，造成許多城池被毀棄，一些地方的軍話隨之消失。目前全國範圍內，說軍話的方言區有十多處，包括：福建省有武平軍家話；浙江省有蒼南金鄉軍話；海南省有儋州軍話、崖城軍話，昌化江兩岸的昌江縣及東方縣也有軍話島；廣東省有惠東平海軍聲、陸豐青塘軍話、坎石潭軍話、龍吟塘軍話、電白古城舊軍話、深圳大鵬軍話，陸豐碣石鎮、汕尾市捷勝鎮也有個別明朝軍户後代在其家庭中使用軍話；廣西北海市合浦縣山口鎮、沙田鎮、白沙皆有軍話，據說為來自福建，欽州地區也有一個軍話島。這些軍話區皆曾為明朝衛所屯軍之地。

軍話易於聽懂，故過去曾有人戲稱：「會講軍聲話，走遍通天下」，而一般懂得軍話的人，也能聽懂粵語、客家話、潮汕話三大方言。然而，軍話混合多種方言的特點，使其難以受到保護，現在青年大多外出學習、工作，更常使用普通話或客家語，因此他們所說的軍話，會包含更多普通話或客家語成分，加上與周圍其他方言使用群體通婚，致軍話中其他方言的成分日益增多，而原有的特色，則逐漸減少。所以，如今軍話使用情況，已不容樂觀，且漸成為瀕危的漢語變體。據云現在只有少數老軍戶家族在祭祖時，仍會使用到軍話朗誦祭文。

平海軍聲

明朝衛所制消亡時，平海所城裏的官兵很多都留居平海，或種田或營商，使軍聲在該地得以延續，而有「曉得平海話，走遍通天下」之說。目前，平海鎮內有萬餘人會講軍話。因為交流範圍不斷擴大，平海軍聲還在變化當中，會說軍聲的人，多還會說客家話、學佬話（福佬話）及普通話；隨着電視等現代聲像媒體的普及，粵語亦很容易為年輕人所接受。

大鵬軍語

明朝初年修築大鵬守禦千户所城時，周圍數十里範圍內人煙稀少，城內外居住的軍隊與家眷數千人，使該地成為附近地區的政治、經濟、文化中心。來自各地的官兵與當地居民交流時，必須使用當時的一種共通語，逐漸形成大鵬軍語。大鵬軍語是白話和客家話的混合體，與客家話類似，惟在語音、語法、詞彙、措辭等方面，則較接近廣州話。大鵬軍語至今還保留一種獨特語調，當地人稱為「千音」。

平洲島即香港東北部的東平洲，與深圳大鵬半島一水相隔，居民所說的平洲話與大鵬軍語頗為接近。除深圳大鵬半島及平洲外，在香港九龍、荷蘭、英國樸茨茅夫市、美國紐約市，也有很多華人能說平洲話或大鵬軍語。

蕭國健作品集

策劃編輯　梁偉基
責任編輯　張軒誦
書籍設計　a_kun　陳朗思
書籍排版　陳先英

書　　名　嶺外雲煙：華南文化與古蹟文物紀略
著　　者　蕭國健
出　　版　三聯書店（香港）有限公司
　　　　　香港北角英皇道四九九號北角工業大廈二十樓
香港發行　香港聯合書刊物流有限公司
　　　　　香港新界荃灣德士古道二二〇一二四八號十六樓
印　　刷　美雅印刷製本有限公司
　　　　　香港九龍觀塘榮業街六號四樓 A 室
版　　次　二〇二五年二月香港第一版第一次印刷
規　　格　大三十二開（140×210mm）一八四面
國際書號　ISBN 978-962-04-5399-1

Published & Printed in Hong Kong, China.